毎日活躍！　「ストウブ」で和洋中

サルボ恭子

講談社

もくじ

ストウブの鍋のこと ………………………… 06
はじめに …………………………………… 08

第一章

和風料理

肉じゃが …………………………………… 10
ロール白菜 ………………………………… 11
鶏のから揚げ ……………………………… 12
焼き鶏 ……………………………………… 13
和風ローストビーフ ……………………… 16
鶏肉といろいろ蒸し物 …………………… 17
豚肉とゴーヤの蒸し炒め
うなぎの信田蒸し ………………………… 20
豆乳の茶碗蒸し
デコポンの釜蒸し
塩ざけと大根の粕煮 ……………………… 22
わかめと生がきの蒸し焼き ……………… 23
キャベツとさわらの蒸し焼き
とうもろこしの蒸しゆで ………………… 26
ごぼうとこんにゃくの蒸し炒め
白菜の蒸し煮 ……………………………… 27
豆類の蒸し焼き
ご飯 ………………………………………… 30
豆腐となめこの酒蒸し
菜の花と昆布のオイル蒸し炒め ………… 32
ピーマンとがんもどきの蒸し炒め ……… 33
焼きなす …………………………………… 34
さつまいもとレモンの重ね蒸し焼き …… 36
いちじくのシロップ煮 …………………… 38
栗と柿の蒸し焼き ………………………… 39

第二章

洋風料理

ハンバーグ ………………………………… 42
クリームシチューのパイ包み焼き ……… 44
ロールキャベツ …………………………… 46
あじとトマトの重ね煮 …………………… 48
さばのビネガー風味 ……………………… 49
サーモンのチーズパン粉焼き …………… 50
玉ねぎのスープ

たらも	52
目玉焼き	53
オムレツ	
キャベツのマスタード蒸し焼き	56
赤パプリカとトマトの蒸し煮	57
ブロッコリーの蒸し焼きチーズがけ	58
エリンギのソテー	
にんじんとオレンジの蒸し焼き	59
桃の蒸し焼き	62
グレープフルーツの蒸し焼き	63
フルーツのグラタン	64
パイナップルのタタン風ガトー	66

第三章
中華・エスニック料理

鶏レバーと砂肝のスパイス煮	70
スペアリブの角煮	71
キーマカレー	74
牛肉とオクラ、トマトのラグー	76
塩だらミンチフライ	78
れんこんライス	
レンズ豆の煮込み	80
えびとかぼちゃのカレー風味	81
餃子	82
長ねぎの蒸し焼き	84
にんじんのスパイシー蒸し焼き	
きのことうどの蒸し焼き	85
なすの蒸し焼き	
しいたけの蒸し焼き	88
サブジ	89
ココナツ風味のライスデザート	92
緑豆とバナナのぜんざい風	93
メロンのジンジャーコンポート	94
キャラメル風味のオレンジ	95

Column 01	ストウブの鍋で燻製を作ろう	40
Column 02	ストウブの鍋でジャムを作ろう	68

・計量の単位は、小さじ1＝5mℓ、大さじ1＝15mℓ、1合＝180mℓです。
・本書で使っているオリーブ油は、すべてエクストラバージンオリーブ油です。

ストウブの鍋は頼もしい！
ふたが重いから無水料理も余熱料理もOK！
プロのシェフも絶賛の鍋です。

野菜も肉も丸ごと鍋にポン！
煮くずれなしでおいしく仕上がります。
フォルムも美しいから鍋ごとテーブルへ。
味も見た目も文句なしです。

ストウブの鍋のこと

ストウブの鍋は1974年に有名シェフたちによって考案されました。
でき上がった鋳物に液状のホーローを吹きつけ、
800℃で30分間焼成するエマイユ加工が施された、料理をおいしく仕上げる魔法の鍋です。

◎ストウブの鍋はガスの直火、オーブン、IH、ハロゲンヒーターなどあらゆる熱源に対応しますが、電子レンジは不可です。
　セラミックは電子レンジ、オーブンがOKです。

《料理をおいしく仕上げる構造》

鍋

内部はすべて黒マットエマイユ加工。ザラザラで凹凸があるため表面積が増え、油がよくなじみ、食材との接点が少ないので焦げつきにくい構造になっています。

ふた

ふたの裏側に整然と並んでいる丸い突起(＝ピコ)が、食材のうまみを最大限に引き出すために実力を発揮します。食材から出た水分は水滴となってこのピコを伝って鍋の中に降り注ぐので、うまみを逃しません。

《料理をおいしく仕上げる法則》

蒸発 → 凝縮 → 水滴化

鍋を火にかけて調理が進むと、食材からうまみを含んだ水分が蒸気となって蒸発してきます。

蒸気は鍋の中で対流し、やがてうまみの凝縮した水滴に変化します。

水滴はふたの裏側についているピコを伝って、鍋の中の食材にまんべんなく降り注ぎます。

《ストウブだからできる調理法》

蒸し煮

調味液や素材から出る水分で煮る料理。うまみの濃い煮物ができます。

→スペアリブの角煮(P71)、サブジ(P89)など。

蒸し炒め

炒めたあと素材の水分で蒸し、ときどきふたをあけて炒めると、ジューシーな味わいに。

→豚肉とゴーヤの蒸し炒め(P17)、ごぼうとこんにゃくの蒸し炒め(P26)など。

蒸し焼き

素材に焼き目をつけつつ、素材の水分で蒸し焼きにしてしっとり仕上げます。

→焼き鶏(P13)、しいたけの蒸し焼き(P88)など。

《ストウブの種類》

ストウブの製品は数多くありますが、ここでは本書で使った鍋を中心にご紹介します。
形は大きく分けてラウンド（丸形）とオーバル（楕円形）。
色はブラック、グレー、バジルグリーンなど、さまざまな色があります。

ピコ・ココット ラウンド＆オーバル

形とサイズ
①ラウンド（直径10cmと14〜24cmで2cm単位）
②オーバル（横径11cm、15cm、17cm、23cm、27cm）

その他の鍋・プレート・ディシュなど

③オードブルプレート（直径21cm）
④ミニレクタンギュラーディッシュ（15×11cm）
⑤ラウンド ホットプレート（直径20cm）
⑥オーバル ホットプレート（横径23cm）
⑦セラミックミニラウンドココット（直径10cm）
⑧セラミックミニオーバルココット（横径11cm）
⑨ボウル（直径12cm）

※⑦〜⑨は直火とIHの使用はできません。

はじめに

ストウブの鍋と出会ってから十数年経ち、
仕事でも家庭でもこの鍋は大活躍してきました。
作ったレシピはもう数えきれないほど。
用途に合わせて少しずつ増えてきた鍋たちは、
今では使い込んだ証が刻まれ、私とともに歩んできた相棒的存在です。

私がはじめてこの鍋で作った料理は野菜の蒸し焼き。
野菜を大きく切って少量の水と塩を入れ、ふたをして火にかけただけなのに、
そのときの野菜の味といったら……、味が濃くて感動的でした。
次に煮込み料理を作ったら、いつもの時間より早くでき上がって驚き、
さらに肉を焼くと、これまでよりずっとおいしく感じました。
抜群の熱伝導の良さとふたの重さが料理を手助けしてくれたのでしょう。

本書では、はじめてストウブの鍋を使う方でも失敗しない
簡単でシンプルなレシピばかりをご紹介しています。
まずは1つ、ガス台近くにいつも置いて、
毎日の料理をストウブの鍋で作ってみてください。
きっと私のように手放せなくなるはずです。

サルボ恭子

第一章

和風料理

肉じゃがや茶碗蒸しなど、和風料理の定番もストウブの鍋で調理すれば、素材のうまみがぎゅっと詰まった絶品の料理に仕上がります。材料さえあればすぐにできるシンプルなレシピばかりなので、はじめてでも失敗知らずで作れますよ。

肉じゃが

ロール白菜

鶏のから揚げ

焼き鶏

肉じゃが

じゃがいもは丸のままがおいしい。少ない煮汁と素材の水分＆うまみで蒸し煮に。
途中でひっくり返しながら、煮汁を均一にしみ込ませるのがコツです。

○ここで使った鍋：27cmのオーバル

材料　3〜5人分

牛ひき肉 … 180g
じゃがいも（男爵） … 小10個
玉ねぎ … 1½個
しょうが … 小1かけ
サラダ油 … 大さじ1
A
├ 塩 … 小さじ1
├ しょうゆ … 50mℓ
├ 酒 … 50mℓ
├ みりん … 大さじ3
└ 水 … 100mℓ

作り方

① じゃがいもは皮をむく。玉ねぎとしょうがはみじん切りにする。
② 鍋にサラダ油を中火で熱し、①の玉ねぎとしょうが、牛ひき肉を入れて塩少々（分量外）をふって炒める。玉ねぎが透き通り、肉の色も変わってきたら、①のじゃがいもとAを加えてひと混ぜし、ふたをして強めの弱火で蒸し煮にする。
③ ときどきふたをあけてかき混ぜ、じゃがいもをひっくり返しながら ⓐ、柔らかくなるまで **15分ほど煮る**。火を止めて **10分ほどおいて味を煮含める**。

ロール白菜

白菜の軸の上に、葉で巻いた肉をのせるのがポイント。
軸も葉も同じタイミングで肉のうまみを吸って火が入ります。軸の上に春雨をのせてもOK。

○ここで使った鍋：27cmのオーバル

材料　5〜6人分

白菜 … ½個
豚ばら肉 … 600g
しょうがのせん切り … 1かけ分
塩 … 大さじ1½
酒 … 200mℓ
粗びき黒こしょう … 適量

作り方

① 白菜は軸と葉に分ける。軸は2cm幅の斜め切りにする。
② 鍋に①の軸を入れ、塩の半量をふる。葉の上に豚ばら肉をのせて内側に巻きⓐ、軸の上に並べる。残りの塩をふり、しょうがを散らす。酒を回しかけ、ふたをして中火にかける。
③ 水分が出てきて沸く音がしたら、中火弱にして **15分ほど火を通す**。肉の色が変わり、軸も柔らかくなったら火を止め、仕上げに黒こしょうをふる。

鶏のから揚げ

みんなが大好きなから揚げは、カリッとジューシーに仕上げたいもの。
少ない油で失敗知らずの揚げ方をマスターしましょう。

○ここで使った鍋：18cmのラウンド

材料　3～4人分

鶏もも肉（骨つきのぶつ切り）
　　… 8本（約700g）
A
├ 塩 … 小さじ1
├ しょうゆ … 大さじ2
├ 酒 … 大さじ2
├ しょうがのすりおろし … 大さじ1
└ にんにくのすりおろし … 大さじ1
薄力粉 … 大さじ2
片栗粉 … 適量
揚げ油 … 約400mℓ
パセリ … 2枝

作り方

① ボウルに鶏もも肉を入れてAを加え、よくもみ込んで**30分ほど**おく。薄力粉を加えて全体にからめる。

② 鍋に揚げ油を中火で熱し、菜箸の先のほうから泡が出始めたらパセリを房ごとにちぎって入れて、色よくカリッと揚げる。

③ ①の鶏肉に片栗粉をまぶして②の油へ入れ、ふたをして中火弱で**2分**揚げる。このとき、一回に入れる肉の数は、鍋底の表面積の半分くらいにする。ふたをあけて、鶏肉をひっくり返してさらに**1分**揚げ、いったん取り出す。

④ ③の鍋を中火にかけて油を熱し、菜箸全体から細かい泡が出始めたら、③で取り出した肉を揚げた順番に戻し入れ、ひっくり返しながら表面が色よくカリッとなるまで再び揚げる。

焼き鶏

串に刺さない焼き鶏です。鶏もも肉は大きいままで豪快に焼いてから切ります。
皮目にしっかり焼き色をつけると香ばしさがアップ！

○ここで使った鍋：27cmのオーバル

材料　2～3人分

鶏もも肉 … 2枚
　塩 … 小さじ1弱
　サラダ油 … 大さじ2
長ねぎ … 1本
しし唐 … 小12本
A
├ しょうゆ … 50mℓ
├ 酒 … 50mℓ
└ みりん … 大さじ3
七味唐辛子 … 適量

作り方

① 鶏もも肉は塩をふり、サラダ油をまぶしつける。長ねぎは5cm長さに切る。

② 鍋を熱し、①を皮目から入れて中火弱でこんがりと焼き色をつけてひっくり返すⓐ。隙間にねぎとしし唐を入れ、軽く片面に焼き色がつくまで転がして焼く。

③ ②にAを加えてふたをし、**3分ほど蒸し焼き**にする。ふたをあけて強火にし、煮汁を煮詰める。

④ 鶏肉を食べやすい大きさに切り、しし唐とねぎといっしょに器に盛り、七味唐辛子をふる。

和風ローストビーフ

鶏肉といろいろ蒸し物

豚肉とゴーヤの蒸し炒め

和風ローストビーフ

少ない煮汁で煮るので、肉よりひと回り大きいくらいの鍋がベスト。
肉をアルミホイルで包んで休ませると、肉汁が落ち着いてジューシーになります。

○ここで使った鍋：16cmのラウンド

材料　3〜4人分

牛かたまり肉（赤身）… 350g
　サラダ油 … 大さじ2
〈たれ〉
├ しょうゆ … 100mℓ
├ 酒 … 100mℓ
├ 玉ねぎのみじん切り … ½個分
└ にんにくのすりおろし … ½かけ分
〈サラダ〉
├ 新玉ねぎ … 2個
└ クレソン … 1束

作り方

① 牛肉は室温に戻し（1〜2時間）、表面にサラダ油をまぶす。
② 鍋を中火で熱して肉を入れ、ジューッという焼ける音をキープしながら**2分焼く**。ひっくり返して裏面も**2分焼く**。側面も軽く焼きⓐ、いったん取り出す。
③ ②の鍋にたれの材料を入れて中火にかけ、沸騰したら弱火にして肉を戻し入れ、ふたをして**5分煮る**。火を止めて**5分おく**。
④ ふたをあけ、肉を取り出してアルミホイルで包む。温かい火元に置いて**10分ほど休ませる**。
⑤ サラダを作る。新玉ねぎは薄切りにし、クレソンは5cm長さに切って混ぜ合わせる。
⑥ 器に⑤と④の肉を薄切りにして盛り、鍋に残った煮汁（たれ）をもう一度温めて添える。

ⓐ

Salbot Mémo

食べるときは鍋に残った煮汁（たれ）をかけて。たれが肉のうまみをぐんと引き立てます。新玉ねぎの代わりに、白髪ねぎや普通の玉ねぎを添えてもいいですよ。

鶏肉といろいろ蒸し物

肉も野菜も入ったヘルシーな蒸し物が一つの鍋で完成！
切り方と鍋に入れる順番が、おいしく仕上げるポイントです。

○ここで使った鍋：20cmのラウンド

材料　2人分

鶏胸肉 … 2枚
ごぼう … 1本
切り干し大根 … 50g
塩 … 小さじ2
酒 … 100mℓ
せり … 2束
みそ … 大さじ1
オリーブ油 … 大さじ2
ゆずこしょう … 適量

作り方

① ごぼうはブラシで皮を軽くむき、5cm長さの乱切りにして水に放ち、キッチンペーパーで水けを取る。
② 鍋に①を並べ、切り干し大根を全体に広げてのせ、鶏胸肉をのせて ⓐ塩をふる。酒を回しかけてふたをし、中火にかける。
③ 鍋中から音がしてきたら中火弱にし、**8分**蒸し焼きにする。
④ ふたをあけてせりを加え、再びふたをして**2分**蒸し焼きにする。火を止めて**3分ほど**おき、鶏肉に火を通す。
⑤ 器に盛り、みそにオリーブ油を混ぜたものとゆずこしょうを添える。

ⓐ

豚肉とゴーヤの蒸し炒め

ストウブの鍋なら厚めに切った豚肉も香ばしく焼けてジューシー。
煮汁が循環して豚肉のうまみがゴーヤにしみ込みます。

○ここで使った鍋：20cmのラウンド

材料　3〜4人分

豚ばらかたまり肉 … 350g
　塩 … 小さじ2
ゴーヤ … 2本
ごま油 … 大さじ2
酒 … 大さじ2
しょうゆ … 大さじ1
こしょう … 適量

作り方

① 豚ばら肉は縦に1.5cm厚さに切り、塩をふる。ゴーヤは横半分に切ってスプーンで種とわたをかき出し、3cm幅に切る。
② 鍋にごま油を熱し、豚ばら肉を中火で焼く。香ばしい焼き色がついたらひっくり返してゴーヤを加え、ひと混ぜしてふたをし、**2分**焼く。
③ ふたをあけて上下を返し、再びふたをして**1分**焼く。酒、しょうゆを回しかけて炒め合わせ、火を止めてこしょうをふる。

うなぎの信田蒸し

デコポンの釜蒸し

豆乳の茶碗蒸し

〈蒸すときのポイント〉

ふたをふきんで包む。鍋底にキッチンペーパーを1枚沈め、器の半分くらいの高さまで水を入れて沸騰させ、ここへ器を入れてふたをする。

○ここで使った鍋：24cmのラウンド

※うなぎの信田蒸しと豆乳の茶碗蒸しは12cmのボウルを使用。

うなぎの信田蒸し

具だくさんでうどんの入った茶碗蒸しです。卵液はこして使うと口当たりがなめらかに。

材料　2人分

〈卵液〉
- 卵(L玉) … 2個
- だし汁 … 400ml
- 塩 … 小さじ1/3

うなぎのかば焼き … 1/2枚
油揚げ … 1/4枚
絹さや … 4枚
ゆでうどん … 1/3玉

作り方

① 卵液を作る。卵液の材料を混ぜ合わせ、細かい目のざるでこす。

② うなぎは大きめの一口大に切る。油揚げはトースターでこんがり焼いて、4等分に切る。絹さやは筋を取って、せん切りにする。

③ ボウルに2等分にしたうどん、うなぎ、油揚げを入れ、①を静かに注いで、湯気の立った鍋に置いてふたをし、**5分ほど蒸し焼き**にする。火を止めてから絹さやをのせて**5分ほど**おき、ボウルを左右に揺らしてみて、卵液が固まっていたら取り出す。

豆乳の茶碗蒸し

だし汁の代わりに豆乳を使ったクリーミィな茶碗蒸し。具材はだしがよく出るものを使います。

材料　2人分

〈卵液〉
- 卵(L玉) … 2個
- 豆乳 … 300ml
- 塩 … 小さじ1/4
- しょうゆ … 少々

あさり(砂抜きしたもの) … 6個
むきえび … 小4尾
干ししいたけの細切り … 少々
豆苗 … 1/2パック

作り方

① 卵液を作る。卵液の材料を混ぜ合わせ、細かい目のざるでこす。

② ボウルに2等分にしたあさりとむきえびと干ししいたけを入れ、①を静かに注いで、湯気の立った鍋に置いてふたをし、**5分ほど蒸し焼き**にする。火を止めて豆苗をのせ、**5分ほど**おいて、ボウルを左右に揺らしてみて、卵液が固まっていたら取り出す。

デコポンの釜蒸し

柑橘のさわやかな風味が広がる釜蒸し。デコポンのふた部分の果汁は、ポン酢代わりに使います。

材料　2人分

デコポン … 2個
鯛(切り身) … 2切れ
えのきだけ … 1株
干しゆば … 適量
しょうゆまたは塩 … 適量

作り方

① デコポンは上部を切り落とし、下部の皮と身にナイフで切り込みを入れて身を取り出す。えのきだけは石づきを取る。

② デコポンの器(下部)に、2等分にした鯛、えのきだけ、デコポンの身、干しゆばを盛りつける。

③ 湯気の立った鍋に②を置いてふたをし、**5分ほど蒸し焼き**にする。火を止めて**5分ほど**おいてから取り出し、デコポンのふたとともに器に盛る。食べるときにふたの果汁を絞って、しょうゆまたは塩をかける。

塩ざけと大根の粕煮

わかめと生がきの蒸し焼き

キャベツとさわらの蒸し焼き

 # 塩ざけと大根の粕煮

大根のうまみと酒粕の甘みが合体して美味！
体がぽかぽかになる一品です。

○ここで使った鍋：22cmのラウンド

材料　4人分

塩ざけ（切り身）… 3切れ
大根 … ½本
塩 … 小さじ2
酒粕 … 150g

作り方

① 塩ざけはこんがり焼き色がつく程度に焼き、1切れを3等分に切る。
② 大根は3cm幅の輪切りにして皮をむく。
③ 鍋に大根を入れ、大根がかぶる程度の水と塩を入れてふたをし、中火にかける。沸騰したら弱火にして、大根が柔らかくなるまで**20分ほど煮る**。
④ ③に塩ざけを加え、煮汁で溶いた酒粕も加えて再びふたをする。沸騰したら弱火にして**5分煮る**。

ストウブの鍋の選び方

はじめてストウブの鍋を購入するなら、
18〜20cmのラウンドか23cmのオーバルがおすすめ。

ストウブの鍋を買うときに迷ったら、18〜20cmのラウンドか23cmのオーバルあたりが無難だと思います。小さめ＆大きめの2サイズをそろえるなら、3〜4cmの差をつけるといいでしょう。形は、少人数の家族の主菜作り＆ご飯炊きに使うならラウンドがおすすめ。ご飯がむらなく炊けます。オーバルは魚一尾や細長い食材を調理したいときにおすすめ。そのまま食卓に置くとテーブルのアクセントになるでしょう。

重さの確認も忘れずに！

そして実際に鍋を持ってみて重さの確認を。自分が持てないほど大きなものを買うと使いづらくなってしまいます。また購入後はガス台近くに置いて、いつでもすぐに使えるようにしておきましょう。私はいつも1つ、ガス台の上に置いてフル活用しています。

鍋によって加熱時間の調整を！

レシピの中に表記してある加熱時間は、各レシピで使った鍋の大きさに合わせたものです。もし持っている鍋と大きさが異なる場合は、ときどきふたをあけて鍋中の様子を見て、「○○が柔らかくなるまで」「焦げ目がつくまで」などの状態になるように時間調整を行えば、どんな鍋でもだいじょうぶです。

わかめと生がきの蒸し焼き

ふっくらジューシーなかきの蒸し焼きが絶品！
わかめにも、かきのうまみがしみ込んでたっぷり食べられます。

○ここで使った鍋：23cmのオーバル ホットプレート

材料　3人分

塩蔵わかめ … 100g
生がき … 10粒
酒 … 50mℓ

作り方

① わかめは水で洗って食べやすい長さに切り、鍋に半量を敷き詰める。
② 生がきは流水でふり洗いする。①の上に並べてのせ、残りのわかめをのせて覆うⓐ。
③ ②に酒を回しかけてふたをし、中火にかける。沸騰する音がしてきたら弱火にして、かきに火が通るまで**6〜7分**火を通す。

ⓐ

キャベツとさわらの蒸し焼き

魚をキャベツの葉でくるんでやさしく火を入れます。
木の芽の代わりにゆずの絞り汁をかけてもおいしいですよ。

○ここで使った鍋：23cmのオーバル ホットプレート

材料　3人分

さわら(切り身) … 3切れ
木の芽 … 6〜7枚
塩麹 … 大さじ3
キャベツ … 大3枚

作り方

① さわらに手でちぎった木の芽と塩麹をまぶす。キャベツは水で洗う。
② 鍋に水がついたままのキャベツを敷き、①を並べてふたをしⓐ、中火にかける。沸騰する音がしてきたら弱火にして、さわらに火が通るまで**10分**火を通す。

ⓐ

とうもろこしの蒸しゆで

ごぼうとこんにゃくの蒸し炒め

白菜の蒸し煮

豆類の蒸し焼き

とうもろこしの蒸しゆで

少ない水分で蒸しゆでにします。ゆでたり蒸し器で蒸したりするより簡単。
香り豊かで、とっても甘いとうもろこしの味が最高です！

○ここで使った鍋：27cmのオーバル

材料　2〜4人分

とうもろこし … 2本
水 … 125mℓ

作り方

① とうもろこしはひげと内側の皮1〜2枚を残して鍋に入れⓐ、分量の水を加える。
② ふたをして中火にかけ、鍋中から音がしてきたら弱火にして**4分**待つ。火を止め、**3分**おいてとうもろこしに火を通す。

ごぼうとこんにゃくの蒸し炒め

ふたをして火を通しながら、ときどき混ぜる蒸し炒め。
ふたをすることで煮汁の蒸発を防ぎ、短時間で野菜に火を通しながら味を含ませます。

○ここで使った鍋：23cmのオーバル

材料　3〜4人分

ごぼう … 1本
こんにゃく … 120g
ごま油 … 大さじ1
赤唐辛子 … 2本
しょうゆ … 大さじ3
酒 … 大さじ2

作り方

① ごぼうは皮をブラシで軽くこすって洗う。4cm長さの斜め切りにして水に通し、ざるに上げる。こんにゃくはスプーンで一口大に切り分けるⓐ。
② 鍋にごま油を入れて熱し、①を入れて全体に油がからむように混ぜ、ふたをして弱火にして**2分**待つ。
③ ふたをあけて赤唐辛子としょうゆ、酒を加え、上下を返す。再びふたをして**2分**蒸し炒めにする。ふたをあけてごぼうの太いところに竹串を刺し、少し抵抗があるくらいに刺さったら火を止めて、そのまま冷ます。

白菜の蒸し煮

みずみずしい白菜の水分を利用した蒸し煮。
体が芯から温まるご馳走です。ポン酢や、刻んだねぎを入れたみそをつけてどうぞ。

○ここで使った鍋：27cmのオーバル

材料　3〜4人分

白菜 … ½個
酒 … 50mℓ
塩 … 大さじ1
片栗粉 … 大さじ1
すり白ごま … 適量

作り方

① 白菜は芯をつけたまま2等分に切り、互い違いに鍋に並べるⓐ。酒を回しかけて塩をふり、片栗粉を茶こしでふりかける。
② ふたをして中火にかけ、鍋中から音がしてきたら弱火にして**2分**待つ。
③ ふたをあけて上下を返し、再びふたをして**2分**蒸し煮にする。白菜がしんなりしたら、火を止めて**2分**おき、すり白ごまをふりかける。

ⓐ

豆類の蒸し焼き

新鮮な豆類をどっさり鍋に入れて蒸し焼きに。
重いふたとさやが豆の水分を閉じ込め、ほっくり味濃く仕上がります。

○ここで使った鍋：23cmのオーバル

材料　2〜3人分

そら豆 … 15粒（250g）
枝豆（さやごと）… 20本（50g）
グリーンピース（さやごと）
　… 8本（380g）
塩 … 大さじ1

作り方

① そら豆は薄皮に切り込みを入れる。枝豆はよく洗ってざるに上げ、さやの上下をはさみで切る。
② 鍋に①とグリーンピースを入れて塩をふりⓐ、塩もみする。
③ ふたをして中火弱にかけ、鍋中から音がしてきたら弱火にして**3分**待つ。
④ ふたをあけて上下を返し、再びふたをして豆が柔らかくなるまで**2分**蒸し焼きにする。火を止めて**1分**おく。

ⓐ

ご飯

米にしっかり水分を吸水させておけば、
わずか20分ほどでふっくらつややかなご飯が炊き上がります。

○ここで使った鍋：20cmのラウンド

<u>材料　作りやすい分量</u>

米 … 2合
水 … 400ml

<u>作り方</u>

① ボウルに水をはって米を入れ、2〜3度混ぜてざるに上げる。再びボウルに米を入れ、米の半分の高さまで水を注ぎ、手の甲でやさしく米を押すようにして10回ほどといだら水を捨てる。新しい水を入れては捨てる作業を水が澄むまで繰り返し、ざるに上げて水けをきる。

② 鍋に米を入れ、分量の水を加えて**1時間ほどおく**ⓐ。

③ ②の鍋にふたをして中火にかける。水分がしっかりと沸騰して、おねば(泡)が出てきたら中火弱にしⓑ、**5分煮て**火を止め、**10分蒸らす**。

◎ 火を止めるころ合いは、ふたを手早くあけて、表面に水分が泡となってまだあるが、表面の米の形がはっきりとしているとき。これでお焦げのないくっつかないご飯ができる。水分がすべてなくなるまで炊き、最後に**20秒**ほど**強火**にして火を止めるとお焦げのご飯ができる。

豆腐となめこの酒蒸し

湯豆腐ならぬ蒸し豆腐です。たらの切り身やあさりを加えたり、
豆板醤(トウバンジャン)やナンプラーにつけてエスニックな味わいにしてもおいしい。

○ここで使った鍋：20cmのラウンド　ホットプレート

<u>材料　2人分</u>

絹豆腐 … 1丁
なめこ … 150g
三つ葉 … 1束
しらす干し … 60g
昆布(15cm角) … 1枚
酒 … 大さじ2
だいだい、ゆずなどの柑橘類 … 適量

<u>作り方</u>

① 鍋に水でさっと洗った昆布を敷き、豆腐となめこ、ざく切りにした三つ葉を入れ、豆腐の上にしらす干しをのせて酒を回しかける。ふたをして中火にかける。

② 水分が跳ねる音がしてきたら、中火弱にして**6〜7分火を通し**、火を止める。切った柑橘類を添える。

菜の花と昆布のオイル蒸し炒め

昆布のうまみが菜の花にしみ込んで美味。
市販の塩昆布を使えば、まろやかな塩味もつきます。

○ここで使った鍋：20cmのラウンド

材料　3〜4人分

菜の花 … 約25本
塩昆布 … 50g
オリーブ油 … 大さじ1

作り方

① 菜の花は根元を切り落とす。
② 鍋に菜の花を入れて塩昆布を散らし、オリーブ油を回しかける。ふたをして中火にかけ、野菜から出た水分が跳ねる音がしてきたら中火弱にし、**3分火を通す**。
③ ふたをあけて上下を返し、再びふたをして**2分火を通し**、火を止める。太い茎がかたいようならそのまま**2〜3分蒸らす**。

ピーマンとがんもどきの蒸し炒め

少ない煮汁でもまんべんなく味がしみる蒸し炒め。
ささっと作れる頼れる副菜です。

○ここで使った鍋：23cmのオーバル

材料　3～4人分

ピーマン … 10個

がんもどき … 小12個（200g）

A
- 水 … 125mℓ
- 削り節 … 5g
- 塩 … 小さじ2
- しょうゆ … 大さじ2

和がらし … 適量

作り方

① 鍋にAを入れて中火にかける。ただし、削り節は市販のお茶パックに入れるⓐ。

② 沸騰したらピーマンとがんもどきを加える。再び沸騰したらふたをし、中火弱にして**3分火を通す**。

③ ふたをあけて上下を返し、再びふたをして**2分火を通し**、火を止める。**10分ほど**おいてから器に盛り、和がらしを添える。

ⓐ

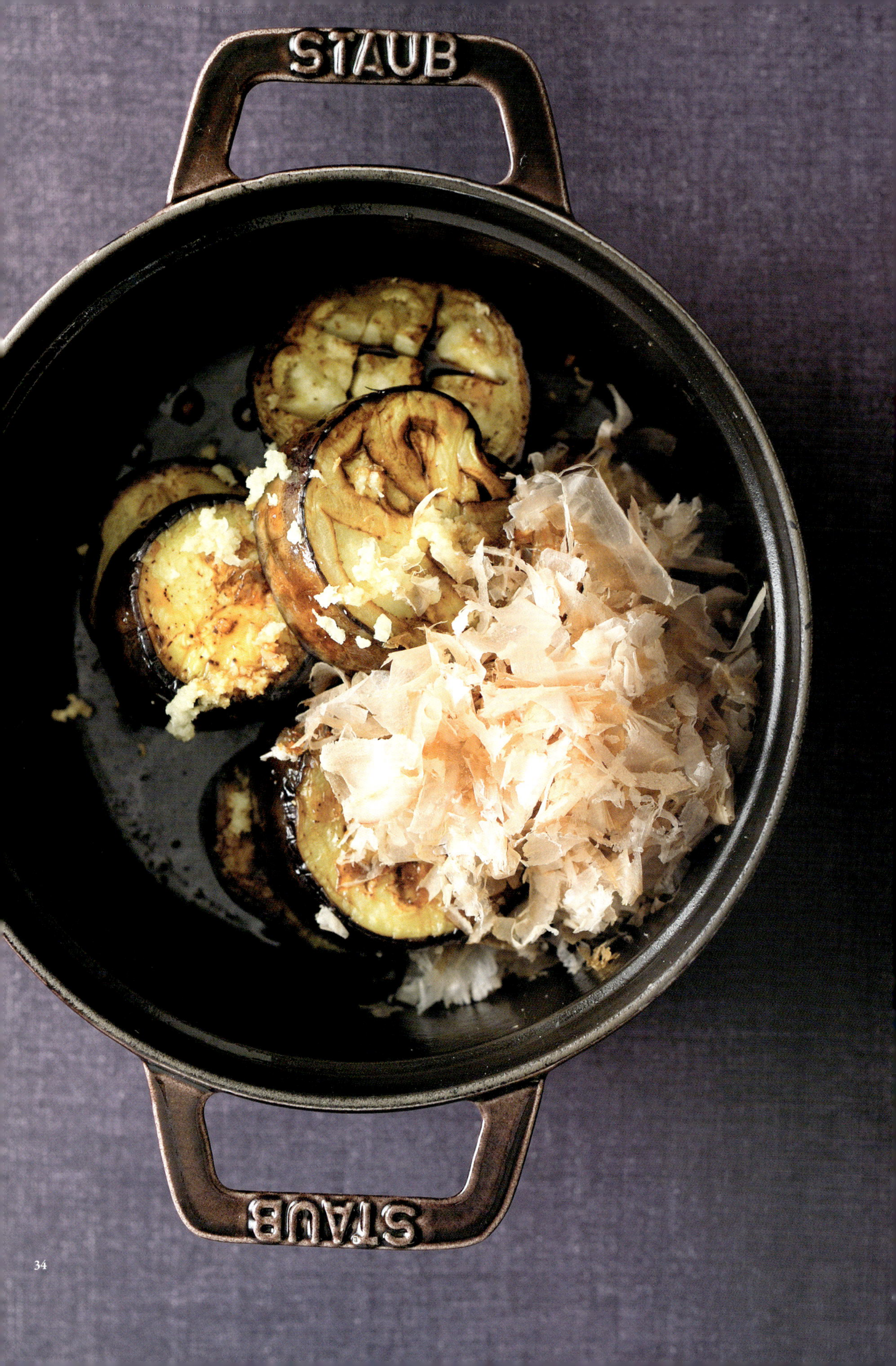
STAUB
STAUB

焼きなす

香ばしくジューシーな焼きなすは、たっぷり食べたい定番おかず。
ストウブ鍋で皮ごと蒸し焼きにする焼きなすをぜひ！

◯ここで使った鍋：22cmのラウンド

材料　2〜3人分

米なす … 2個
ごま油 … 大さじ2
しょうがのすりおろし … 大さじ2
削り節 … 1つまみ
しょうゆ … 大さじ2

作り方

① なすは横3〜4等分にして、片方の切り口に格子状の切り込みを入れⓐ、水に放つ。キッチンペーパーで水けを拭き取る。
② 鍋に①を入れ、ごま油をかけてからませる。
③ ふたをして中火にかけ、なすの水分が出てきて跳ねる音がしてきたら、中火弱にして**3分火を通す**。
④ ふたをあけて上下を返し、再びふたをして**3分火を通す**。香ばしい焼き色がついて、なすが柔らかくなったら火を止める。
⑤ しょうがのすりおろしを散らし、削り節をのせてしょうゆを回しかける。

◎長なすを使う場合は、火が通りやすくするために、数ヵ所切り込みを入れてから、切らずにそのまま鍋に入れる。

ストウブの鍋を扱うときに注意すること

つまみは鍋つかみで！

調理中と調理直後は鍋本体と同様につまみも熱くなります。素手で触るとやけどをするので、必ず鍋つかみを使ってください。

水分をしっかり拭き取る！

鍋を使ったあとは、キズをつけないようにスポンジやメラミンフォームなどで汚れを落とします。スチールたわしや磨き粉などは使わないこと。洗ったあとは乾いた布で水分をよく拭き取り、よく乾燥させましょう。濡れたままにしておくとサビの原因になるので注意を。

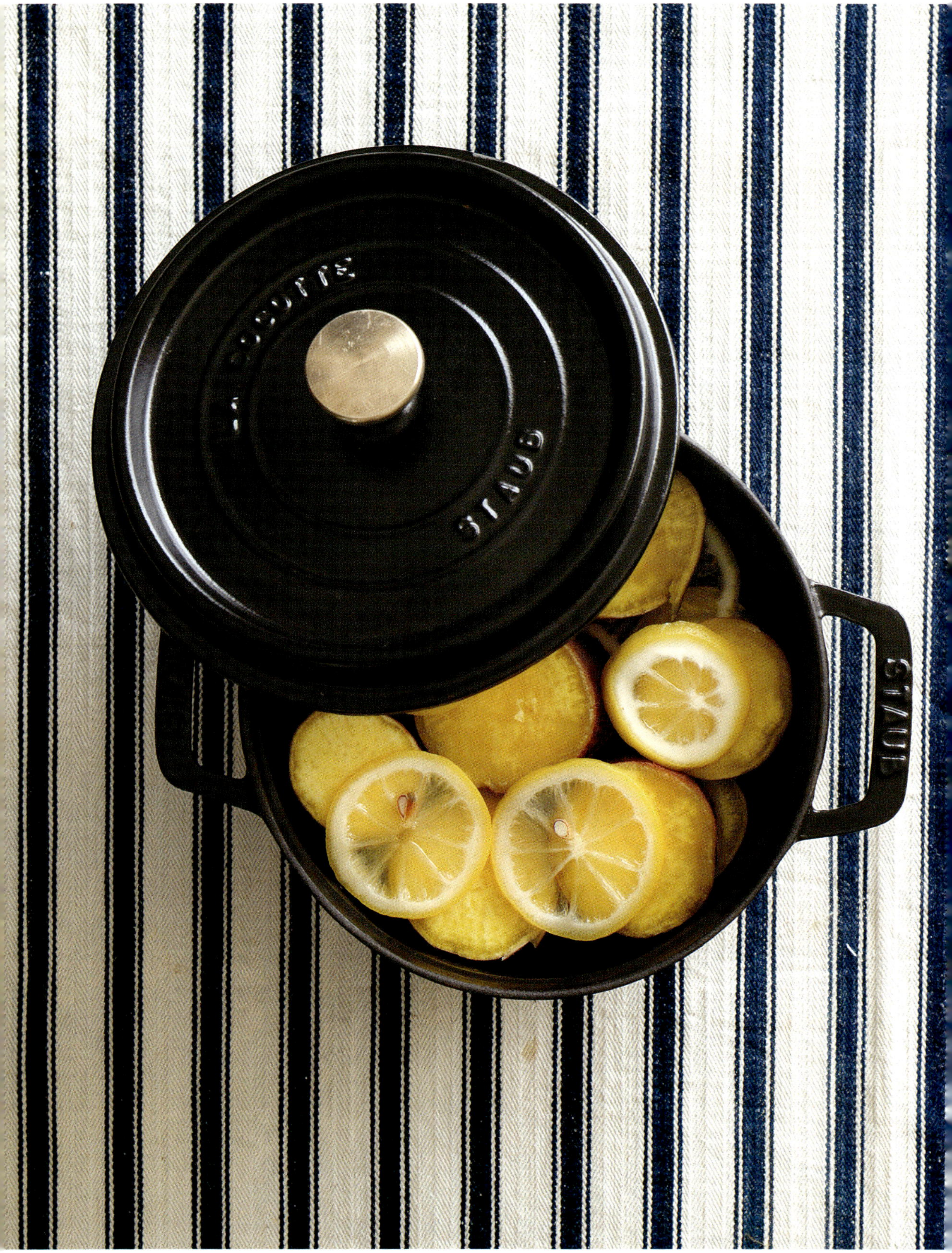
STAUB
STAUB

さつまいもとレモンの重ね蒸し焼き

レモンの香りが漂うホクホクのおいもです。レモン好きなら2個、甘党なら砂糖を多めに。
仕上げにバターをひとさじ加えると、さらにコクが出ます。

○ここで使った鍋：18cmのラウンド

材料　2〜3人分

さつまいも … 大2本

レモン（ノンワックス）… 1〜2個

● ノンワックスのものがない場合は、皮をむいて使う。

砂糖 … 50g

水 … 50mℓ

作り方

① さつまいもは皮ごと3cm幅の厚切りにして水につける。レモンは薄く切る。

② 鍋に分量の砂糖から大さじ2ほどをふり入れ、さつまいもの半量を並べる。その上に残りの砂糖の半量をふり、レモンの半量を並べる。再び残りのさつまいも、砂糖、レモンと重ねて分量の水を入れ、15分おく。

③ ②にふたをして中火にかけ、煮立ったら弱火にしてさつまいもが柔らかくなるまで15分蒸し焼きにする。火を止めて5分ほどおく。

Salbot Mémo

レモンの代わりにほかの柑橘類を使ってもOK！　オレンジは芳醇な甘さと香りがプラスされ、ゆずはさっぱり味に。ほかに夏みかんや日向夏などでもよいでしょう。ノンワックスでない場合は皮をむいて使ってください。

いちじくのシロップ煮

煮汁が冷めるまでいちじくをつけておくのがポイント。
煮汁はゼラチンを加えてゼリーにしたり、炭酸水で割ってドリンクにしても。

○ここで使った鍋：22cmのラウンド

材料　6人分

いちじく … 6個
グラニュー糖 … 50g
水 … 100ml
〈黒ごまソース〉
├ いちじくの煮汁 … 大さじ4
└ 黒ごまペースト … 大さじ2

作り方

① 鍋にグラニュー糖と分量の水を入れて中火にかける。
② 沸騰したら中火弱にしていちじくを加え、ふたをして**5分**煮る。火を止めてそのまま冷ます。
③ 器に②のいちじくを盛り、黒ごまソースの材料を混ぜ合わせて添える。

栗と柿の蒸し焼き

水分が多い果物は、水を加えなくても果物の水分だけで蒸し焼きができます。
柿はしっかり熟した柔らかいものを選びましょう。

○ここで使った鍋：20cmのラウンド

材料　2人分
栗 … 6個
柿（柔らかく熟したもの）… 2個
水 … 100ml

作り方
① 鍋に栗と柿、分量の水を入れ、ふたをして中火にかける。
② ふたが熱くなったら弱火にする。途中、ふたをあけて素材から蒸気が出ているか確認し、乾いているようなら水を少量足す。金串がすっと通るまで**15分ほど火を通す**。

Column 01

ストウブの鍋で燻製を作ろう

ここでいう「燻製」とは「燻した香りをつける」こと。工程が多く燻し時間が長い保存のきく「燻製」ではなく、だれでも手軽にできる「燻製」の作り方をご紹介します。

〈基本の燻製〉

材料

グリルした肉(豚もも肉、タン、骨つきラム肉など)
　または、あぶった魚の干物(かます、あじ、いわし、ししゃも、いか、
　塩さば、さんまなど) … 1枚
スモークチップ … 大さじ3〜4

作り方

① 鍋にアルミホイルを敷いてスモークチップを散らし、その上にざる(または網)をのせるⓐ。適当なざるがない場合は、アルミホイルを丸めて置いてもよいⓑ。ただし細かく小さいものを燻す場合はざる(または網)のほうがよい。

② ふたをして強めの中火にかける。チップが焦げて鍋中から煙の香りがしてきたら、いったん火を止め、手早く肉を入れてⓒ再びふたをする。

③ 再び弱火に**1〜2分**かけて火を止め、ふたをあけて肉を取り出す。

〈スモークチップで楽しむいろいろな香り〉

市販のスモークチップにはいろいろな種類があります。

強い香りで肉に合うサクラ、ブナやナラのチップは魚介類に。りんごのチップは鶏肉や白身魚によく合う。ホームセンターやアウトドア商品の売り場などで販売されている。

スモークチップ＋ハーブやスパイスでオリジナルの香りを楽しみましょう。

さわやかな香りのハーブ(写真左はローズマリー)、スパイシーな香りのスパイス(写真右下はシナモンと八角)、キャラメルの香りの砂糖(写真右中はざらめ)、茶葉(写真右上はイングリッシュティー)など。加える量はお好みで。

第二章

洋風料理

ハンバーグやシチューなどのおなじみの洋風料理にもストウブの鍋は大活躍します。フランスのシェフが生み出した鍋だからこそ、洋風料理の活用の幅は無限大です。シェフに負けない深い味わいを楽しみましょう。

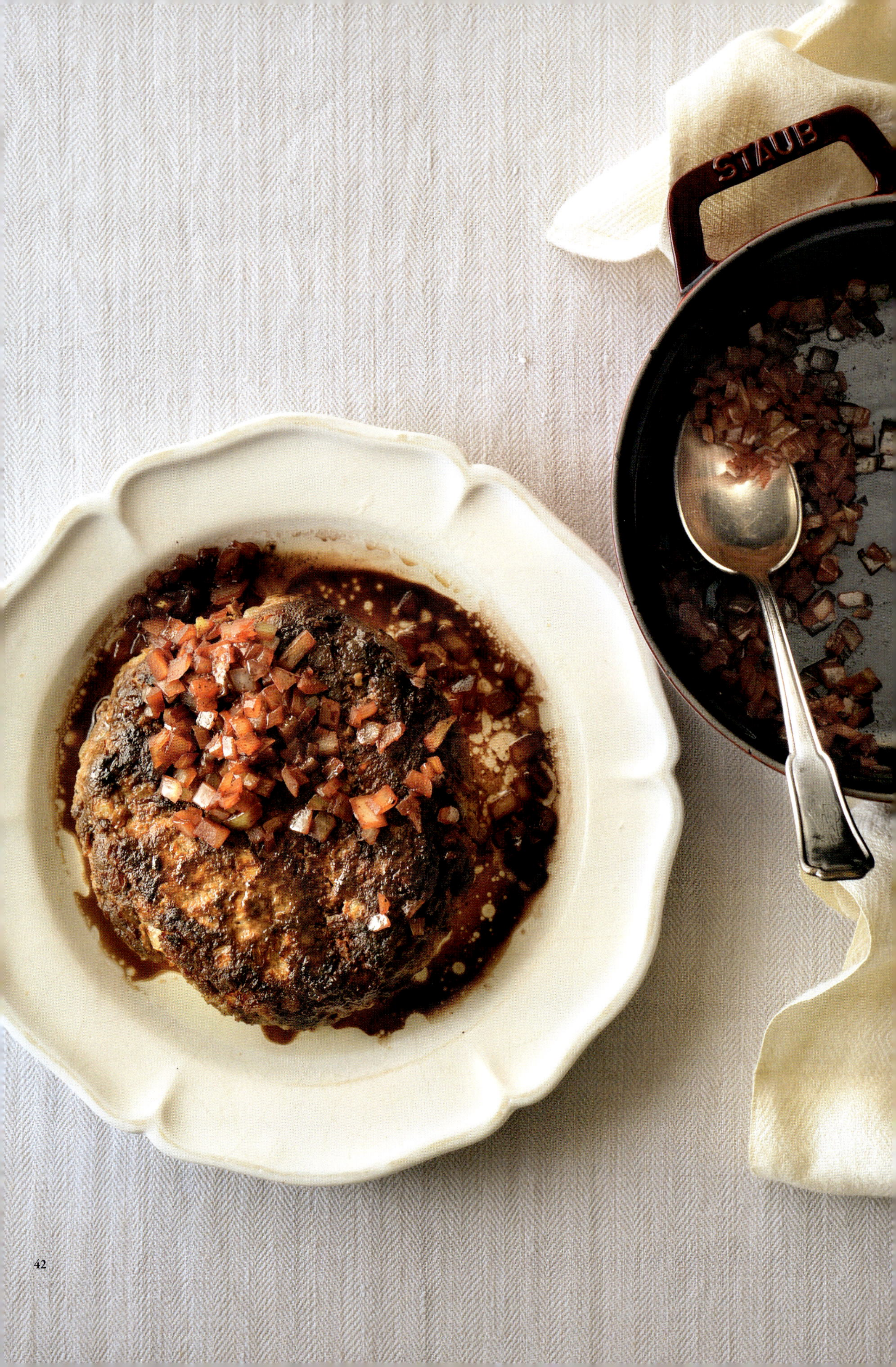
STAUB

ハンバーグ

丸めたりひっくり返したりしなくてもいい、豪快な蒸し焼きハンバーグ。
ソースを作っている間に肉汁を落ち着かせると、ジューシーに仕上がります。

◯ここで使った鍋：20cmのラウンド

材料　3〜4人分
〈たね〉
― 牛豚合いびき肉 … 600g
― 卵（M玉）… 1個
― 玉ねぎの粗みじん切り … ½個分
― 塩 … 大さじ2
― こしょう … 適量
― ナツメグ … 少々
サラダ油 … 大さじ2
玉ねぎの粗みじん切り（ソース用）
　… ½個分
赤ワイン … 200mℓ
塩、こしょう … 各適量

作り方
① ボウルにたねの材料をすべて入れ、粘りが出るまでしっかりと混ぜる。
② 鍋にサラダ油を入れ、底と側面も（2cmほどの高さまで）手で塗る。①を入れて鍋底に押し広げⓐ、中央を少しくぼませ、ふたをして中火にかける。
③ 水分が跳ねる音がしてきたら、中火弱にして**8分ほど焼いて**火を止め、器に裏返して盛る。
④ ③の鍋に玉ねぎと赤ワインを入れて中火にかける。煮立ったら弱火にして赤ワインが半量になるまで煮詰めて火を止める。塩、こしょうで味をととのえ、ハンバーグにかける。切り分けて食べる。

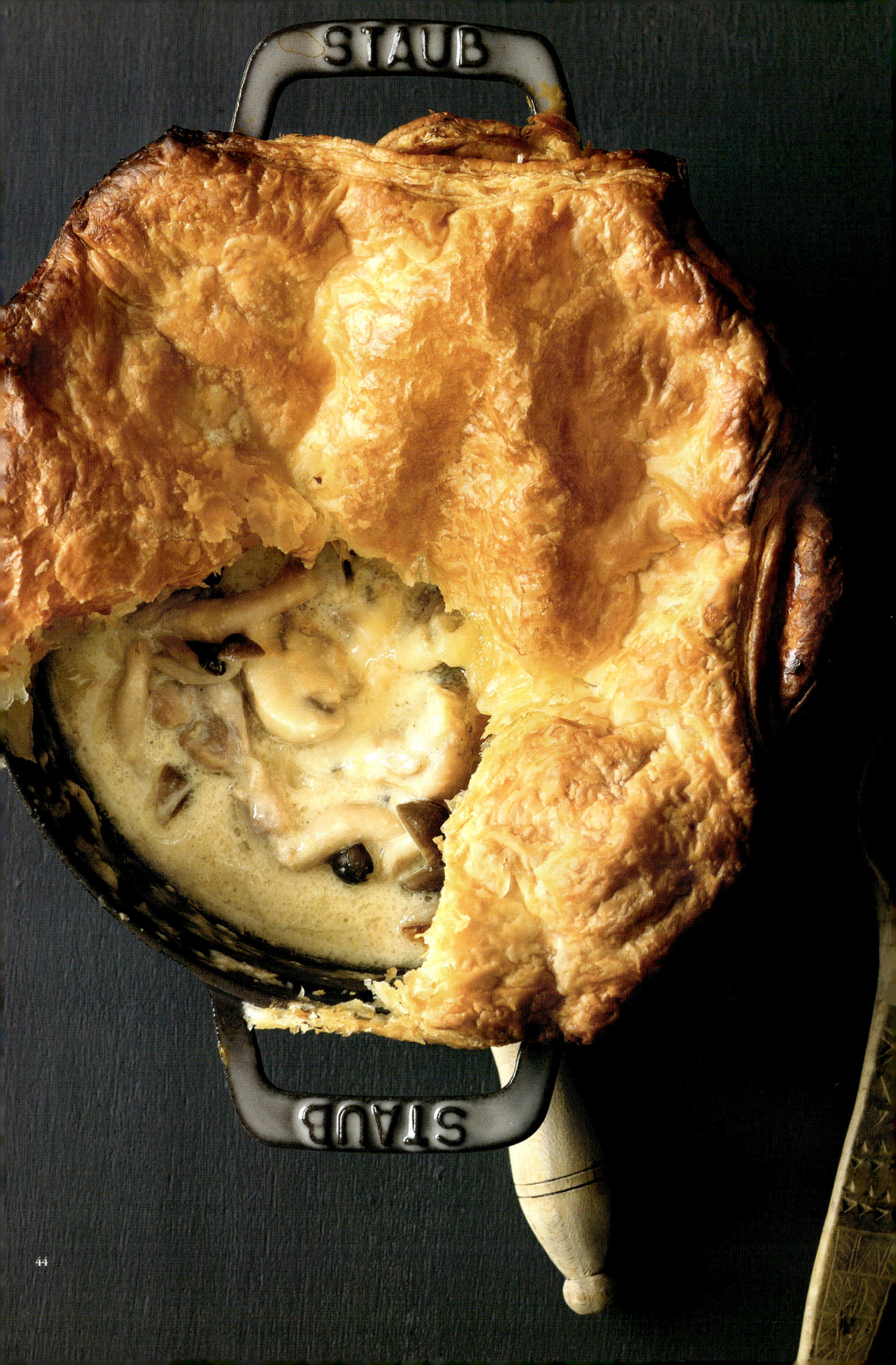
STAUB
STAUB

クリームシチューのパイ包み焼き

こんがり香ばしくパイが焼けたら鍋ごとテーブルへ。
パイをサクッと破るとアツアツのとろーりシチューが顔を出します。

○ここで使った鍋：18cmのラウンド

材料　2〜4人分

鶏もも肉 … 2枚
玉ねぎ … 1個
しめじ … 1株
マッシュルーム … 6個
塩 … 小さじ2
こしょう … 適量
薄力粉 … 大さじ2
サラダ油 … 大さじ2
牛乳 … 500ml
チーズ（とろけるタイプ）… 100g
冷凍パイシート（20cm角のもの）… 2枚

作り方

① 冷凍パイシートの上に鍋のふたをのせて、ひと回り大きくカットする ⓐ。

② 鶏もも肉は大きめの一口大に切り、塩、こしょうをふって、薄力粉をまぶす。玉ねぎは1cm幅の輪切りにする。しめじとマッシュルームは石づきを取り、しめじは大きめにほぐす。

③ 鍋にサラダ油を熱し、鶏肉の皮目を下にして焼く。皮に焼き色がついたらひっくり返し、玉ねぎを加えてひと混ぜする。ふたをして中火弱で**2分蒸し焼き**にする。

④ しめじとマッシュルームを加えてひと混ぜし、再びふたをして**2分蒸し焼き**にする。牛乳を加え、沸騰したら弱火にして**5分ほど煮て**火を止める。塩、こしょう（分量外）で味をととのえてチーズをのせる。

⑤ ④の鍋を火からおろし、①をかぶせてパイシートの端を押さえ、鍋の側面に密着させる ⓑ。鍋が熱いうちにかぶせると、パイシートが熱で破れやすいので手早く行う。

⑥ 220℃に予熱したオーブンで、パイにこんがりと焼き色がつくまで、**15分ほど焼く**。

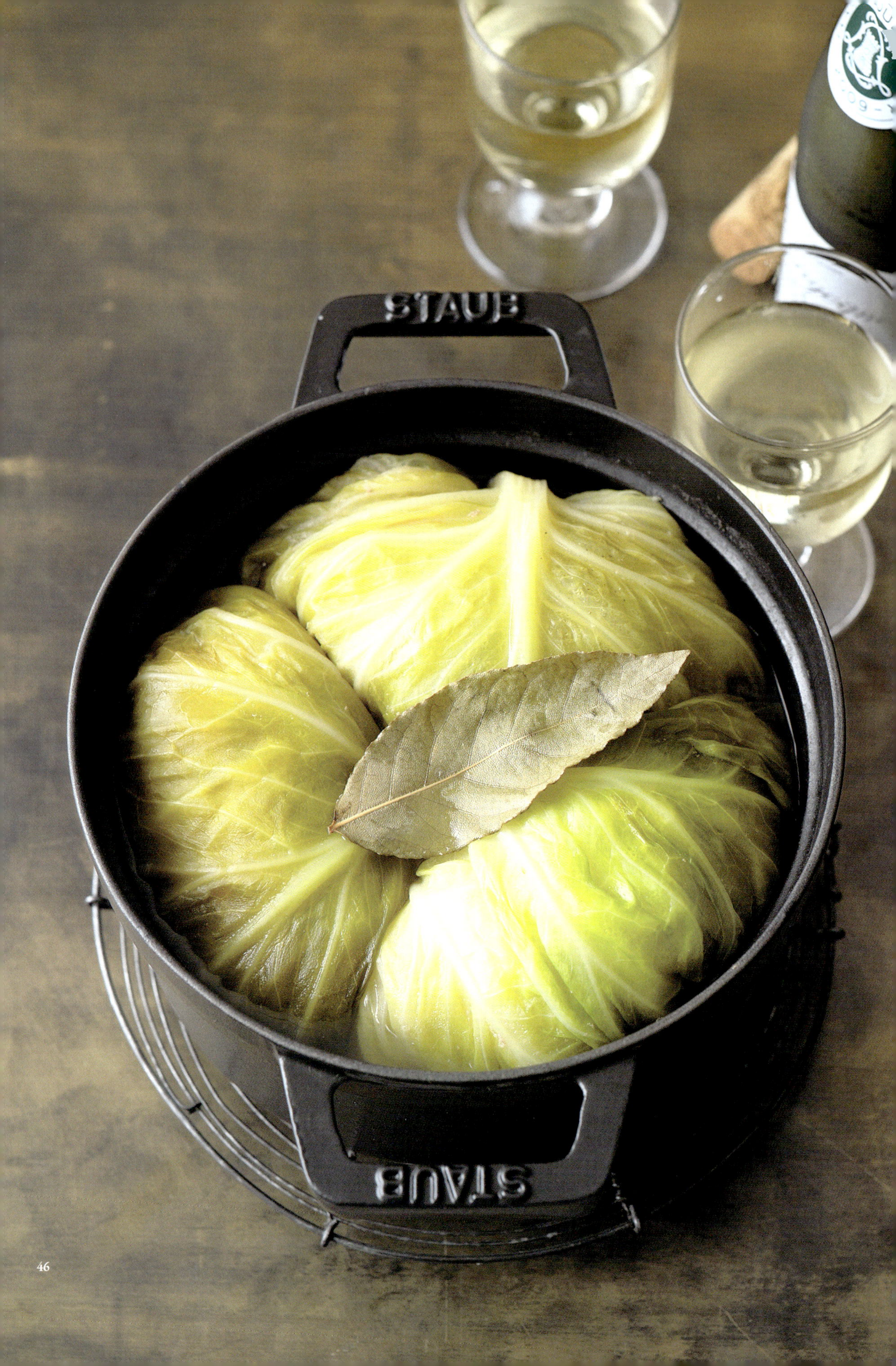
STAUB
STAUB

ロールキャベツ

コクのある肉だねをたっぷりのキャベツで包みました。
味つけはシンプルにして、キャベツのうまみと甘みを生かしましょう。

○ここで使った鍋：22cmのラウンド

材料　5〜6人分

キャベツ … 1玉
鶏レバー … 50g
A
― 鶏ももひき肉 … 120g
― 玉ねぎのみじん切り … 20g
― にんにくのみじん切り … 1かけ分
― 塩 … 大さじ½
― こしょう … 適量
― ナツメグ … 適量
塩 … 小さじ2
ローリエ … 1枚

作り方

① キャベツの葉を外側から12枚はがし、芯の厚いところをそいで切り離す。
② ①の芯と小葉をみじん切りにして100gにする。
③ 鍋に湯を沸かし、キャベツの葉を入れて少ししんなりする程度にゆでる ⓐ 。
④ 鶏レバーは筋と血管を取り除き、包丁で細かくたたく。
⑤ ボウルに②と④、Aを入れ、粘りが出るまでしっかりと練る。
⑥ ⑤のたねを3等分にし、③の葉を2枚重ねて1つの肉だねの⅔量をのせて包む。それを葉を2枚重ねた上にのせ、その上に残り⅓量の肉だねをのせて ⓑ 、しっかりと包む。同様にして残り2個を作る。
⑦ ⑥をとじ目を下にして鍋に入れ ⓒ 、ロールキャベツの高さの¾量の水、塩、ローリエを加えてふたをし、中火弱にかける。
⑧ 沸騰したら弱火にし、ときどき表面に煮汁を回しかけながら、キャベツが柔らかくなり、肉に火が通るまで **15分**ほど**煮**る。煮汁の味をみて、塩、こしょう(分量外)で味をととのえる。

Salbot Mémo

食べるときは食べやすい大きさに切って！　でき上がりのロールキャベツは大きくて食べづらいので、2つくらいに切って煮汁とともに器に盛りましょう。たっぷりのキャベツと肉の層が食欲をそそります。

あじとトマトの重ね煮

オーブンで仕上げる重ね煮は、ふた側からも火が入るので凝縮した味わい。
あじは煮くずれず、ふたをあけるとハーブの香りが立ちのぼります。

○ここで使った鍋：23cmのオーバル ホットプレート

材料　3〜4人分

あじ（三枚におろしたもの）… 10枚
ミニトマト … 20個
塩 … 大さじ2
オリーブ油 … 大さじ3
タイム … 10本

作り方

① あじは塩（分量外）を軽くふって**5分ほどおく**。出た水分をキッチンペーパーで拭き取り⒜、鍋に互い違いに並べて塩をふる。
② ミニトマトはへたを取り、横半分に切って種を取り除き、あじの上にまんべんなく並べてオリーブ油を回しかけ、タイムをのせる⒝。
③ ふたをして、220℃に予熱したオーブンであじに火が通るまで**15分ほど焼く**。

さばのビネガー風味

ほどよい酸味の利いた青魚には、よく冷えた白ワインがぴったり。
残ったらマリネにしたり、パンにはさんで食べたりするのがおすすめです。

◯ここで使った鍋：23cmのオーバル ホットプレート

材料　4人分

さば(片身) … 2枚
　オリーブ油 … 大さじ2
にんじんの薄切り … 5枚
玉ねぎの薄切り … 1個分
セロリ(太い部分は薄切り) … 小1本
ローリエ … 2枚
ケッパー … 大さじ2
白ワインビネガー … 200mℓ
水 … 50mℓ

作り方

① さばは塩(分量外)を軽くふって**5分**おく。出た水分をキッチンペーパーで拭き取り、3cm幅に切って皮目にオリーブ油をまぶす。
② 鍋を中火にかけて熱し、①の皮目を下にして軽く焼き色がつく程度に焼き、ひっくり返して火を止める。
③ 残りの材料をすべて②の鍋に入れてⓐ中火にかけ、沸騰したら中火弱にしてふたをする。さばに火が通るまで**3分**煮てから火を止める。粗熱がとれるまでそのままおく。

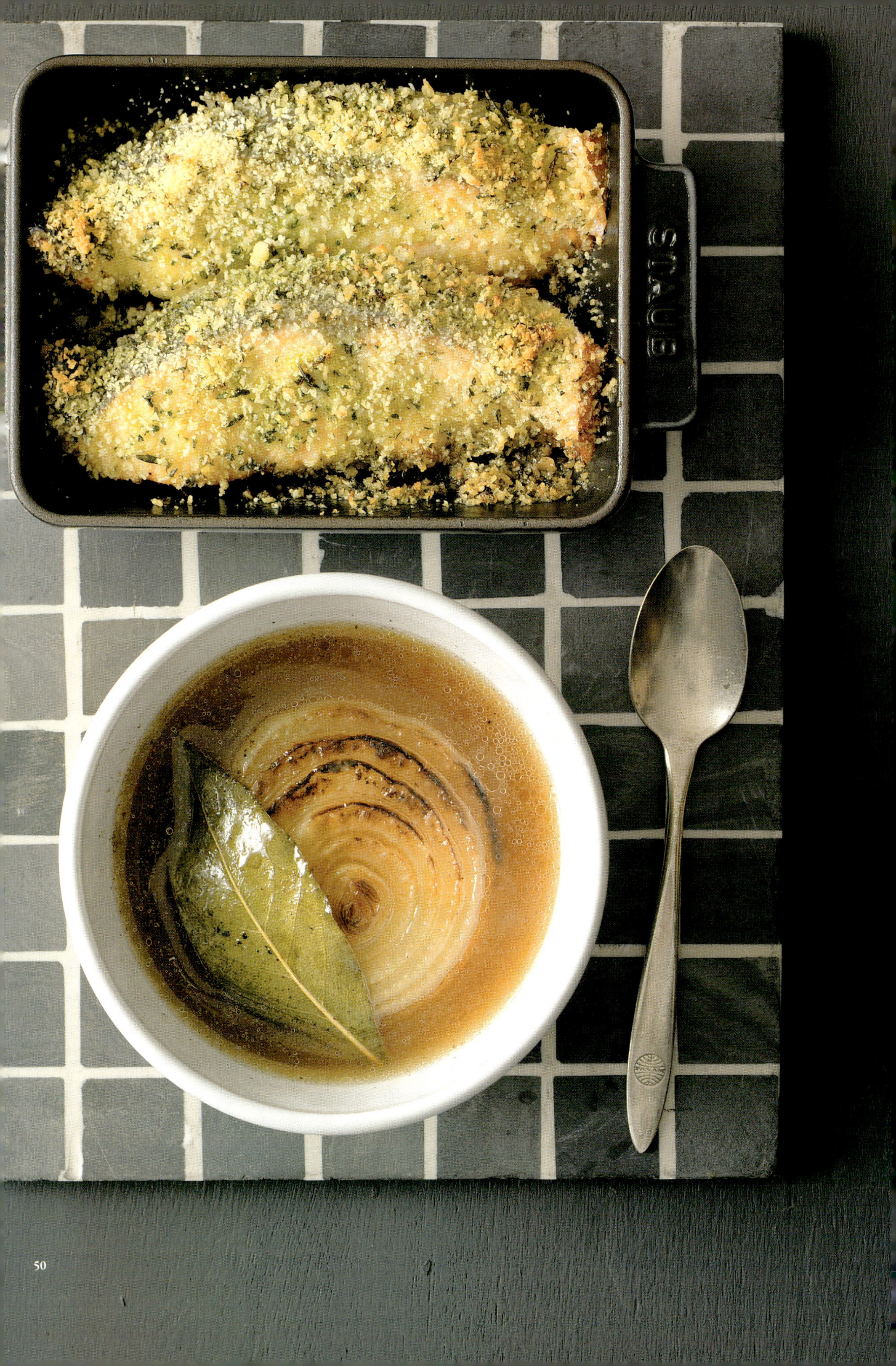
STAUB

サーモンのチーズパン粉焼き

チーズパン粉は作り置きができるので、冷凍保存しておくと便利。
魚や肉、野菜などにふりかけて使うと香り高い料理に仕上がります。

○ここで使った鍋：15×11cmのミニレクタンギュラーディッシュ

材料　2人分

生ざけ（切り身）… 2切れ
〈チーズパン粉〉
- パルメザンチーズ … 30g
  - ●ブロック、粉末のどちらでもよい
- パン粉 … 40g
- ローズマリーの葉 … 2枝分
- にんにく … 1かけ
- 塩 … 小さじ2
- こしょう … 適量

オリーブ油 … 大さじ2

作り方

① チーズパン粉の材料をすべてフードプロセッサーに入れ、細かくなるまで攪拌するⓐ。
② 鍋にさけを入れて①をふりかけ、オリーブ油を回しかける。
③ オーブントースターでさけに火が通るまで**6〜7分**こんがりと焼く。

玉ねぎのスープ

玉ねぎオンリーのシンプルなスープ。
ストウブの鍋だからこそ生まれる滋味深い味わいです。

○ここで使った鍋：20cmのラウンド

材料　4人分

玉ねぎ … 小2個
塩 … 小さじ2
オリーブ油 … 大さじ2
水 … 1ℓ
ローリエ … 1枚
塩、こしょう … 各適量

作り方

① 玉ねぎは皮をむき、横半分に切って、切り口に塩小さじ1をふる。
② 鍋にオリーブ油を入れて①の切り口を下にして並べ、塩小さじ1をふる。ふたをして中火にかけ、玉ねぎから出てきた水分の沸く音がしてきたら、中火弱にして**5分ほど蒸し焼き**にし、玉ねぎに焼き色をつけるⓐ。
③ ふたをあけて玉ねぎの表面が透き通っていたら、ひっくり返して分量の水とローリエを加え、再びふたをして玉ねぎが柔らかくなるまで**5分煮る**。最後に塩、こしょうで味をととのえる。

たらも

目玉焼き

オムレツ

たらも

フランスでは、たらもをパンに塗っていただきます。
鍋を囲んで混ぜたりほぐしたり……、好みに合わせてどうぞ。

○ここで使った鍋：14cmのラウンド

材料　3〜4人分

じゃがいも（男爵）… 2個
たらこ … 1腹（約120g）
塩 … 小さじ2
水 … 100ml
オリーブ油 … 大さじ2
黒こしょう … 適宜

作り方

① じゃがいもは皮をむいて半分に切る。鍋に入れて塩をふり、分量の水とオリーブ油を加えてふたをし、中火にかける。
② 鍋中から水分の沸く音がしてきたら中火弱にし、じゃがいもが柔らかくなるまで**10分ほど蒸し焼き**にする。
③ たらこは薄皮に縦に切り込みを入れ、包丁の背で身をかき出す。
④ ②が熱いうちに③を加えてテーブルへ運ぶ。フォークで粗くつぶしながらたらこを和え、好みで黒こしょうをふる。

◎たらこの塩加減で塩の量を加減する。

Salbot Mémo

パンにのせてもおいしい！　フランスパンを1cm厚さに切って軽くトーストし、その上にたらもをのせます。これをワインといっしょにいただくのがフランス流の食べ方。ぜひやってみてください。

目玉焼き

いろんな具を入れてトースターで焼くだけ。
鍋に薄く油を塗っておくと、こびりつきがなく鍋を洗うのがラクです。

◯ここで使った鍋：11cmのセラミックミニオーバルココット

材料　1人分

卵(L玉) … 1個
サラダほうれんそう … 2株
ベーコン(スライス) … 1枚
サラダ油 … 少々
塩 … 小さじ1/3
こしょう … 少々

作り方

① サラダほうれんそうはざく切りにする。ベーコンは2等分に切る。
② サラダ油を薄く塗った鍋にほうれんそうを入れて卵を割り入れ、塩をふってベーコンをのせる。
③ ふたをしてオーブントースターに入れ、卵に火が通るまで**4〜5分焼く**。火を止めてこしょうをふりかける。

オムレツ

具材はなんでもOK。きのこやアスパラガス、アンチョビ、ツナ……、
組み合わせは無限大です。

◯ここで使った鍋：11cmのセラミックミニオーバルココット

材料　1人分

卵(L玉) … 1個
ミニトマト … 2個
塩 … 小さじ1/3
こしょう … 少々
チーズのすりおろし … 大さじ1
チャイブ(またはあさつき)の小口切り
　… 大さじ1
サラダ油 … 少々

作り方

① ボウルにミニトマト以外の材料を入れて混ぜ合わせる。
② 鍋に①を入れ、ミニトマトを加える。
③ ふたをして、オーブントースターに入れて卵に火が通るまで**7〜8分焼く**。

キャベツのマスタード蒸し焼き

焼いたキャベツの甘みにマスタードの酸味がよく合います。
マスタードは粒マスタードでもフレンチイエローマスタードでもOK。

○ここで使った鍋：22cmのラウンド

材料　3〜4人分

キャベツ … ½玉
オリーブ油 … 大さじ2
塩 … 小さじ1
マスタード … 大さじ4
粗びき黒こしょう … 適量

作り方

① キャベツは芯をつけたまま半分に切り、鍋に交互に並べ入れるⓐ。オリーブ油を回しかけ、塩をふる。
② ふたをして中火にかけ、キャベツの水分が出てきて沸く音がしたら中火弱にし、**5分**火を通す。
③ ふたをあけ、キャベツに焼き色がついていたらひっくり返す。再びふたをしてキャベツが柔らかくなるまで**5分**火を通す。
④ マスタードを加えて一煮立ちさせ、塩（分量外）で味をととのえる。火を止めて黒こしょうをふる。

赤パプリカとトマトの蒸し煮

トマトの酸味に赤パプリカの甘みが加わり、ふくよかな味わい。
素材から水分を出すポイントは、重ね方や塩のふり方、完熟トマトを使うことです。

◯ここで使った鍋：20cmのラウンド

材料　2～3人分

パプリカ(赤) … 大1個
トマト(完熟) … 5個
塩 … 小さじ2～3
卵(M玉) … 2～3個
カイエンヌペッパー(または一味唐辛子)
　　… 適宜

作り方

① パプリカは縦半分に切って、種とへたを取り除き、縦3等分に切る。トマトは横半分に切り、種を取り除く。
② 鍋にトマトの切り口を下にして並べ、塩の半量をふる。その上にパプリカを並べて残りの塩をふる。
③ ふたをして中火にかけ、素材の水分が出てきて沸く音がしてきたら中火弱にする。ときどき混ぜながらパプリカが柔らかくなるまで**15分ほど煮る**。はがれた皮は取り除き、塩(分量外)で味をととのえる。
④ ③が静かに煮立っているところに人数分の卵を割り入れる。再びふたをして火を止め、卵が好みのかたさになるまで余熱で調理する。好みでカイエンヌペッパー少々をふる。

ブロッコリーの蒸し焼きチーズがけ

エリンギのソテー

にんじんとオレンジの蒸し焼き

ブロッコリーの蒸し焼きチーズがけ

蒸し焼きにしたブロッコリーの濃厚味を楽しんで。
残ったら水を加えてスープ仕立てにすると2度楽しめます。

◯ここで使った鍋：23cmのオーバル

材料　4人分

ブロッコリー … 1株
塩 … 小さじ1
こしょう … 適量
オリーブ油 … 大さじ2
チーズのすりおろし … 大さじ3

作り方

① ブロッコリーは大きめの房に分ける。茎は皮をむき、房の大きさにそろえて切る。
② 鍋に①を入れて塩、こしょうをし、オリーブ油を回しかける。ふたをして中火にかける。
③ ふたが熱くなり、鍋中から音がしてきたら弱火にして**2分**待つ。
④ ふたをあけて上下を返し、再びふたをして**2分**蒸し焼きにする。これを繰り返して、茎の角が煮くずれてきたら、竹串で太いところを刺してみて、8割方火が通っていたら火を止めて余熱で調理する。
⑤ 仕上げにチーズをふりかける。

エリンギのソテー

にんにくとハーブの香り漂うきのこのソテーは、
温サラダやメイン料理のつけ合わせにも大活躍します。

◯ここで使った鍋：23cmのオーバル

材料　4人分

エリンギ … 250g
にんにくスライス … 1かけ分
塩 … 小さじ1強
こしょう … 適量
オリーブ油 … 大さじ2
イタリアンパセリ … 適量

作り方

① エリンギは食べやすい大きさに切る。
② 鍋に①とにんにくを入れ、塩、こしょうをふってオリーブ油を回しかけ、ふたをして中火にかける。
③ ふたが熱くなり、鍋中から音がしてきたら弱火にして**2分**待つ。
④ ふたをあけて上下を返し、再びふたをして**2分**蒸し焼きにする。かたいようならこれを繰り返す。エリンギのかさが減って8割方火が通ったらイタリアンパセリを細かくちぎって加え、火を止めて余熱で調理する。

にんじんとオレンジの蒸し焼き

黄色い野菜と果物の組み合わせ。意外かもしれませんが、
色の近いものどうしは相性がいいようです。

○ここで使った鍋：23cmのオーバル

材料　4人分

にんじん … 3本
国産ネーブルまたは
　オレンジ（ノンワックス）… 1個
● ノンワックスのものがない場合は、皮をむいて使う。
塩 … 小さじ1
オリーブ油 … 大さじ2

作り方

① にんじんは皮をむき、1本を横4〜5等分に切る。ネーブルはよく洗って半分に切り、半分は果汁を絞り、もう半分はくし形切りにしてから横半分に切る。
② 鍋に①を入れ、塩とオリーブ油を加えてふたをし、中火にかける。
③ ふたが熱くなり、鍋中から音がしてきたら弱火にして**2分**待つ。
④ ふたをあけて上下を返し、再びふたをして**2分蒸し焼き**にする。かたいようならこれを繰り返す。竹串でにんじんの厚いところを刺してみて、8割方火が通っていたら火を止めて余熱で調理する。

| もしも鍋が焦げたら…… |

少し焦げたくらいなら、ぬるま湯につけておくだけできれいに落ちます。焦げつきが激しい場合は、焦げた部分が隠れる程度の水を入れ、重曹大さじ2〜3を加えてひと混ぜしてから火にかけます。沸騰したら火を止め、粗熱がとれるまでしばらく放置してから洗うときれいに取れます。

桃の蒸し焼き

温かくても冷めても薫り高い一品です。
デザートはもちろん、焼いた鶏肉や豚肉のつけ合わせにもぴったり。

○ここで使った鍋：23cmのオーバル

材料　4人分
桃 … 小4個
ワイン（白またはロゼ）… 100mℓ
グラニュー糖 … 100g

作り方
① 鍋に桃を入れ、ワインとグラニュー糖を加えてふたをする。
② ①を中火にかけ、水分の沸く音がしたら弱火にし、**5分蒸し焼き**にする。
③ ふたをあけて桃を上下に返しⓐ、再びふたをして**5分火を通して**から火を止める。**10分**おく。

グレープフルーツの蒸し焼き

グレープフルーツは半生に火を通すのがコツ。
グレープフルーツの果汁を含んだ砂糖がキャラメルソースに変身します。

○ここで使った鍋：27cmのオーバル

材料　4人分

グレープフルーツ … 2個
グラニュー糖 … 30g
生クリーム … 大さじ3

作り方

① 鍋にグラニュー糖をまんべんなく散らし、横半分に切ったグレープフルーツの切り口を下にして並べ、しばらくおく。
② ふたをして中火にかけ、**2分ほど焼く**。焦げ目が少しついたらⓐ、上下を返してふたをし、再び**2分ほど蒸し焼き**にし、生クリームをかける。
③ 器に盛り、鍋底のキャラメルソースをかける。

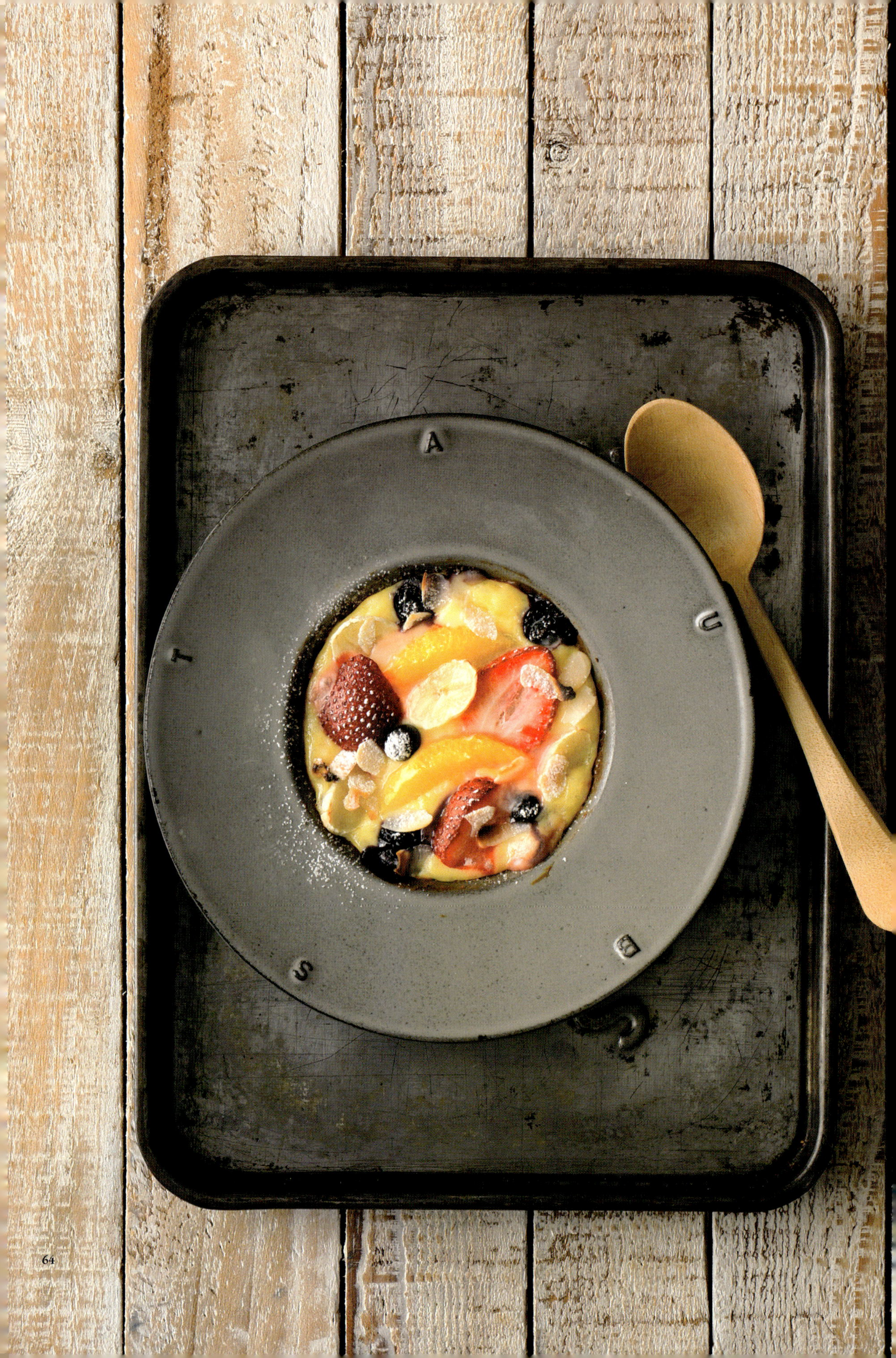

フルーツのグラタン

鍋と同じ鋳物ホーロー製のお皿を使います。
直接火にかけて調理ができるので鍋いらず。

○ここで使ったプレート：21cmのオードブルプレート

材料　1人分
〈カスタードクリーム〉
- 卵黄 … 1個分
- グラニュー糖 … 大さじ1½
- バニラビーンズ … 1cm長さ
  ● バニラオイルなら1〜2滴
- コーンスターチ … 大さじ1弱
- 牛乳 … 80mℓ

バター（無塩）… 3g
いちご … 1½個
バナナ … ⅓本
オレンジ … 2房
ブルーベリー … 8粒
アーモンドスライス … 少々
粉砂糖 … 大さじ1

作り方

① カスタードクリームを作る。ボウルに卵黄とグラニュー糖、バニラビーンズ（包丁で横に裂いて、さやから種をかき出したもの）を入れて混ぜ合わせる。コーンスターチを加えて混ぜ、牛乳を加えてよく混ぜる。

② ①をプレートに入れて中火弱にかけ、ゴムべらでたえず混ぜるⓐ。

③ とろみがついてきたら弱火にしてさらに混ぜ続ける。ペースト状になってつやが出てきたら火を止め、バターを加えて溶かす。

④ 食べやすい大きさに切ったいちごとバナナ、オレンジ、ブルーベリーにアーモンドスライスを③に彩りよく並べ、粉砂糖をふる。

⑤ 温めておいたオーブントースターに入れ、表面に焼き色がつくまで**5分ほど焼く**。仕上げに茶こしで粉砂糖（分量外）をふる。

◎鍋で作るなら14cmのラウンドで。ただし、1人分だと作りづらいので2人分以上の材料で作る。

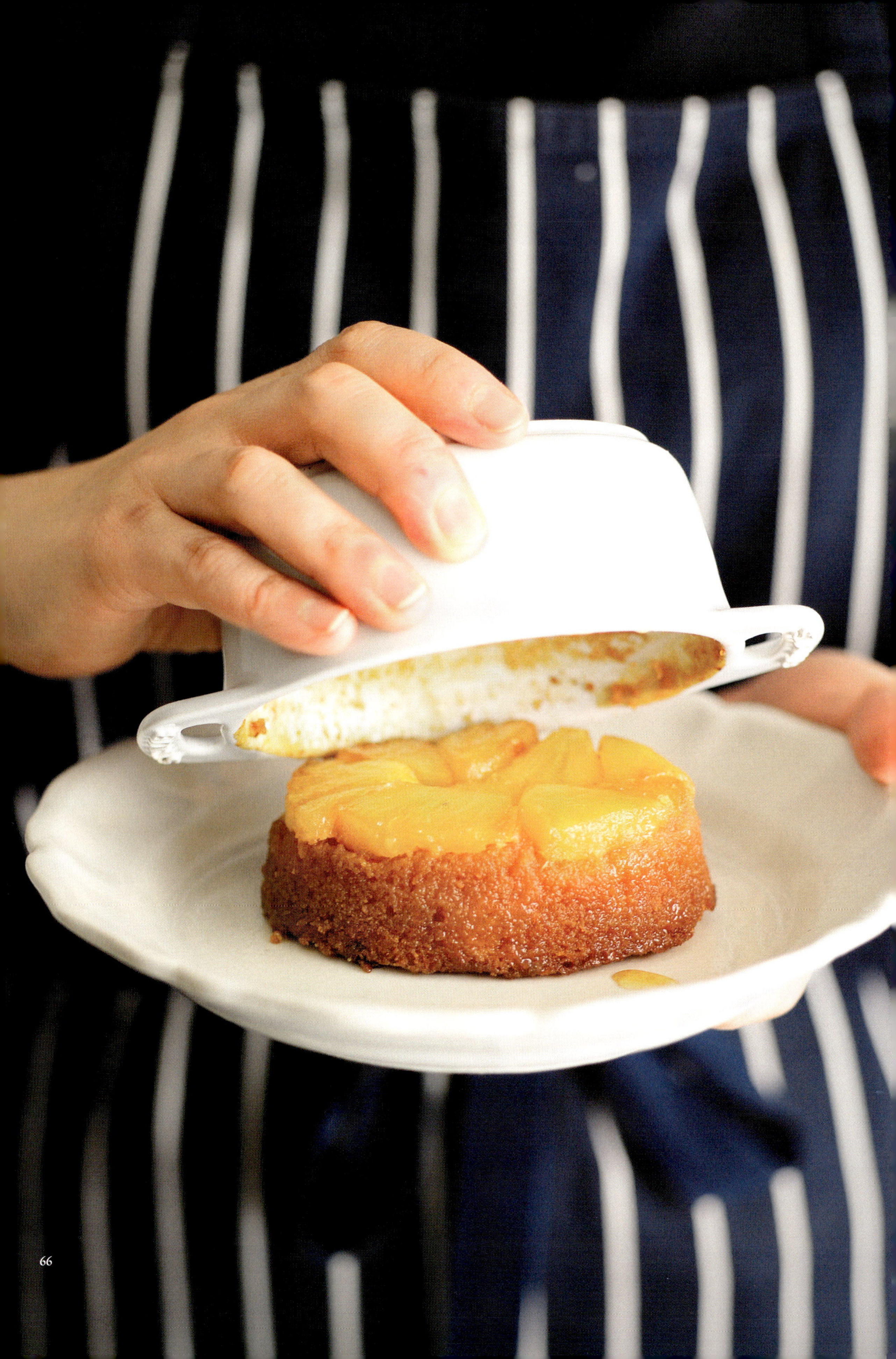

パイナップルのタタン風ガトー

りんごをパイナップルにかえたアーモンド風味のタルトタタン。
アイスクリームやホイップクリーム、サワークリームなどを添えるとおいしいですよ。

○ここで使った鍋：11cmのセラミックミニオーバルココット

材料　2人分

パイナップル … 2cm厚さ
バター（無塩）… 80g
グラニュー糖　適量
卵（M玉）… 2個
アーモンドパウダー … 80g

作り方

① パイナップルは皮をむいて芯を取り、横半分に切って1枚を6等分に切る。バターは室温に戻す。

② 鍋にグラニュー糖大さじ2を入れて220℃に予熱したオーブンで2～3分加熱し、砂糖が焦げてきつね色のキャラメルになったら取り出し、上にパイナップルを並べる。

③ ボウルにバターを入れてグラニュー糖80gを加え、泡立て器でよくすり混ぜる。

④ 卵は溶きほぐし、③に1/3量を加えてよく混ぜる。これを3回繰り返し、最後にアーモンドパウダーを加えて混ぜる。

⑤ ②の鍋に④を均等に加える ⓐ。180℃に予熱したオーブンで15分焼く。中央に竹串を刺して乾いた生地がついてきたら、器に返す。

Column // 02

ストウブの鍋でジャムを作ろう

旬の果物を煮たジャムを常備しているとなんだかうれしいもの。ここでご紹介するのは甘さ控えめのコンポートタイプ。強めの火で一気に仕上げることでフルーツの香りが残ります。

〈いちごジャム〉

材料　作りやすい分量

いちご(小粒) … 270g
グラニュー糖 … 80g(いちごの重さの約30%)
レモン汁 … 大さじ2

準備

保存瓶を煮沸消毒する。鍋にたっぷりの湯を沸かして、瓶とふたを入れて**5分煮立たせ**、取り出して水分をきる。または瓶とふたをきれいに洗って清潔なふきんで水分を拭き取り、ホワイトリカーや食品用アルコールを吹きかけてもよい。

作り方

① いちごはへたを取って洗う。鍋に入れてグラニュー糖とレモン汁を加えて鍋をゆすって混ぜ、いちごから水分が出てきたら中火にかける。

② さらに水分が出てきて沸騰したら、アクを取り、**3分ほど混ぜながら煮る**。

③ 泡が大きくなってきたら火を止める。粗熱をとり、冷めないうちに瓶へ入れてきっちりふたをする。

〈ほかにこんなジャムも作れます〉

パイナップルジャム

パイナップル300gは粗みじん切りにする。鍋にパイナップルとグラニュー糖90g、水100mlを入れて中火にかけ、沸騰してきたらアクを取り、**5分ほど混ぜながら煮る**。泡が大きくなってきたら火を止め、アーモンドオイルを数滴加えて混ぜる。粗熱をとり、冷めないうちに瓶へ入れてきっちりふたをする。

アメリカンチェリー＆ブルーベリージャム

アメリカンチェリー200gは茎を取り、半分に切って種を取り除く。鍋にアメリカンチェリーとブルーベリー120g、グラニュー糖95g、水100mlを入れて中火にかけ、沸騰してきたらアクを取り、**3分ほど混ぜながら煮る**。泡が大きくなってきたら火を止めて粗熱をとり、冷めないうちに瓶へ入れてきっちりふたをする。

第三章

中華・エスニック料理

スパイシーな料理もストウブの鍋にかかれば、素材に味がしみ込んで奥深い味に仕上がります。時間がかかると思いがちな豆やライスも、短時間で調理できるので苦になりません。でき上がったら鍋ごと食卓へ直行できるのもうれしいところです。

鶏レバーと砂肝のスパイス煮

スペアリブの角煮

鶏レバーと砂肝のスパイス煮

個性の強いレバーや砂肝を、にんにくじょうゆで煮込みます。
軟骨のコリコリ感が歯ごたえのアクセント。あとを引くおいしさです。

○ここで使った鍋：23cmのオーバル

材料　4人分

鶏レバー … 300g
砂肝 … 200g
鶏の軟骨 … 200g
黒酢 … 100mℓ
しょうゆ … 200mℓ
にんにくスライス … 2かけ分
玉ねぎのざく切り … 1個分
白髪ねぎ … 1本分
糸唐辛子 … 1つまみ

作り方

① 鶏レバーは筋と血管を取り除いてⓐ、大きめに切る。砂肝は筋と白い皮を取り除くⓑ。軟骨は水で洗う。

② ①をポリ袋に入れ、黒酢としょうゆ、にんにくを加えてバットに入れⓒ、一晩つけ込む。

③ 鍋に②と玉ねぎを入れてふたをし、中火にかける。沸騰したら中火弱にして**20分ほど煮込む**。仕上げに白髪ねぎに糸唐辛子を混ぜてのせる。

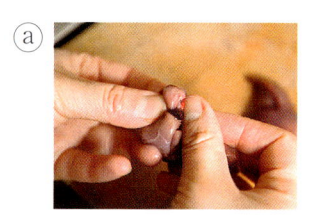

スペアリブの角煮

骨つきのスペアリブは、身縮も少なくうまみも濃くて絶品!
煮汁から取り出して火であぶれば香ばしい味わいになります。

○ここで使った鍋:23cmのオーバル

材料　2〜3人分

スペアリブ … 6本(約500g)

〈つけ汁〉
- しょうがのすりおろし … 大さじ1
- にんにくのすりおろし … 大さじ1
- しょうゆ … 150㎖
- 酒 … 80㎖
- はちみつ … 大さじ1
- 長ねぎ(青い部分) … 1本分

作り方

① スペアリブはポリ袋に入れてつけ汁の材料を加え、一晩つけ込む ⓐ。

② 鍋に①をつけ汁ごと入れてふたをする。200℃に予熱したオーブンに入れて **30分ほど火を通し**、そのままオーブンに **20分ほど入れて** おく。

Salbot Mémo

火であぶって焦げ目がつく程度に焼いてもおいしい!　でき上がったスペアリブをグリルで焼くと、脂が落ちて香ばしさが増し、いっそうおいしく食べられます。

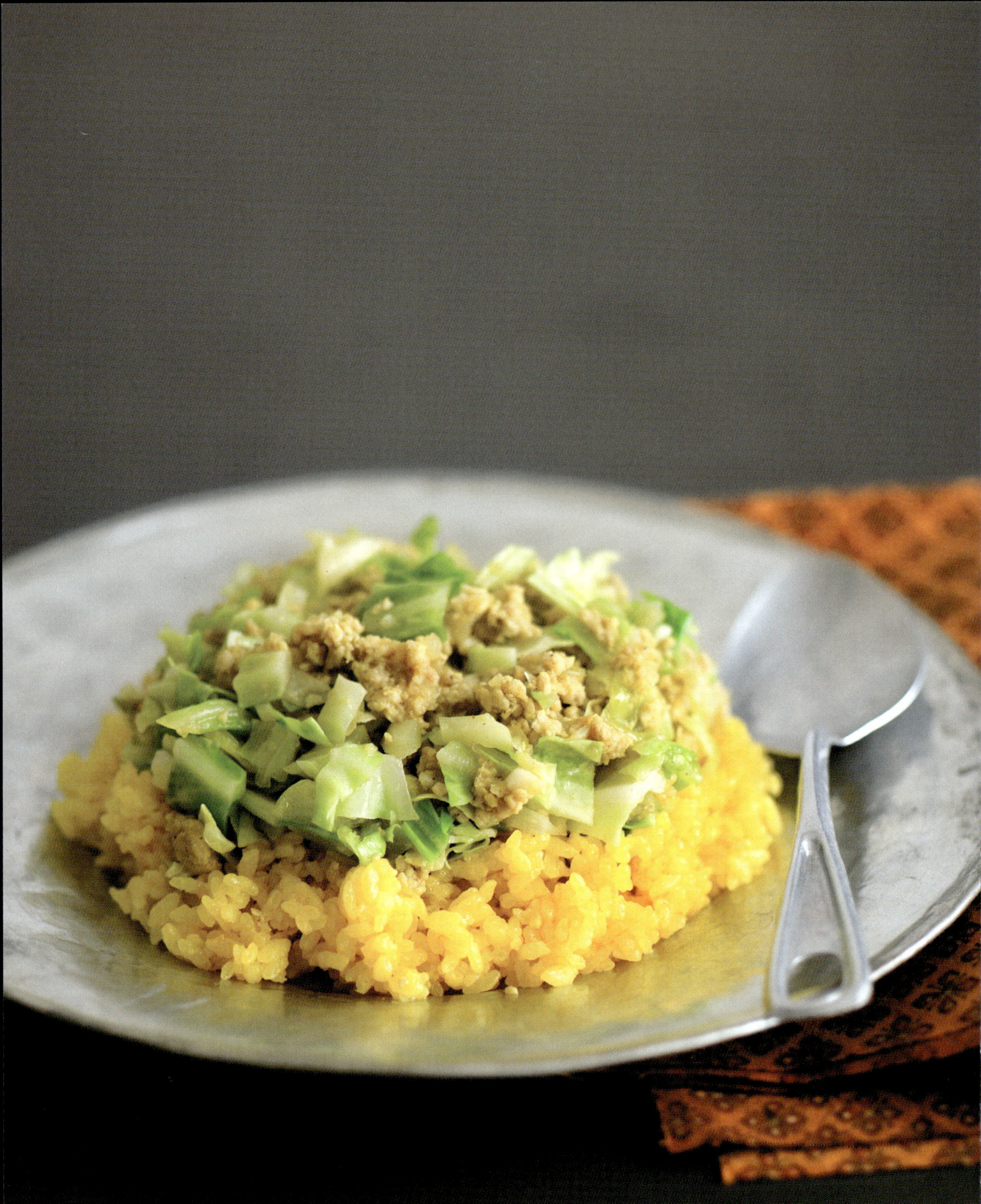

キーマカレー

キャベツは最後に入れて、シャキシャキ感を残します。
残ったら、トマトを足して味の変化を楽しんだり、パスタにからめてもOK。

○ここで使った鍋：20cmと22cmのラウンド

材料　3〜4人分

米 … 2合

A
- ターメリックパウダー … 小さじ1
- しょうがの薄切り … 2枚
- サラダ油 … 大さじ1
- 水 … 400ml

サラダ油 … 大さじ1½
鶏ももひき肉 … 200g

B
- しょうがのすりおろし … 大さじ1
- 玉ねぎのみじん切り … ½個分
- 塩 … 小さじ2強

カレーパウダー … 大さじ1½
キャベツのざく切り … 大4枚分

作り方

① 鍋（20cm）にといだ米とAを入れて、浸水しておき、P31と同様にしてターメリックライスを炊く。

② 鍋（22cm）にサラダ油を熱し、鶏ひき肉とBを入れてひと混ぜする。ふたをして中火にかけ、**2分ほど蒸し焼き**にする。

③ ふたをあけ、鶏肉をほぐすように炒める。肉の色が変わったらカレーパウダーを加えて全体に混ぜ合わせ、香りがしっかり立つまで炒めて火を止める。

④ ③にキャベツを加えてⓐ再びふたをし、中火にかけて**1分ほど蒸し焼き**にする。

⑤ 器に①のターメリックライスを盛り、④をのせる。

牛肉とオクラ、トマトのラグー

ちょっと本格的な煮込みに挑戦！
ルビーポルト酒を常備しておくと、赤ワインの代わりになって重宝します。

○ここで使った鍋：14cmと22cmのラウンド

材料　4人分

牛ばら肉 … 1kg
　塩 … 大さじ1½
オクラ … 12本
トマト … 4個
粗びき黒こしょう … 適量
サラダ油 … 大さじ3
A
├ 玉ねぎのみじん切り … 1個分
├ にんじんのみじん切り … 1本分
├ セロリのみじん切り … 1本分
└ にんにくのみじん切り … 大1かけ分
薄力粉 … 大さじ2
パプリカパウダー … 大さじ2
ルビーポルト酒（赤ワインでも可）
　　… 200mℓ
ローリエ … 2枚
クスクス … 250g
オリーブ油 … 大さじ2
水 … 125mℓ
塩、こしょう … 各適量

作り方

① 牛ばら肉は6〜8等分にし、塩をまぶしつけて一晩おく。オクラはへたのかたいところを取り除く。トマトは種を取り除き、ざく切りにする。

② ①の肉に粗びき黒こしょうとサラダ油をまぶし、熱した鍋（22cm）に入れて強火で両面を焼き、一度取り出す。余分な油や焦げが鍋に残っていたらキッチンペーパーで軽く拭く。

③ ②の鍋にAを入れてふたをし、弱火で**1分ほど蒸し焼き**にする。野菜がしんなりとしたら、薄力粉をふり入れて粉けがなくなるまで炒め、パプリカパウダーを加えてひと混ぜする。

④ ③にポルト酒を加えて煮詰め、アルコール分をとばす。②の肉を戻し入れて、ひたひたに水を入れ、ローリエを加えて強火で煮る。沸騰したらふたをして弱火で**1時間ほど煮る**。

⑤ 鍋（14cm）にオリーブ油と分量の水を入れて中火にかけ、沸騰したら火を止めてクスクスを加える。ふたをして5分ほどふやかし、かたまりがないようにかき混ぜて保温する。

⑥ ④の肉の中心に金串を刺し、すっと通るようなら塩、こしょうで味をととのえる。オクラとトマトを加えて**5分ほど煮る**。

⑦ 器に⑤のクスクスと⑥を盛る。

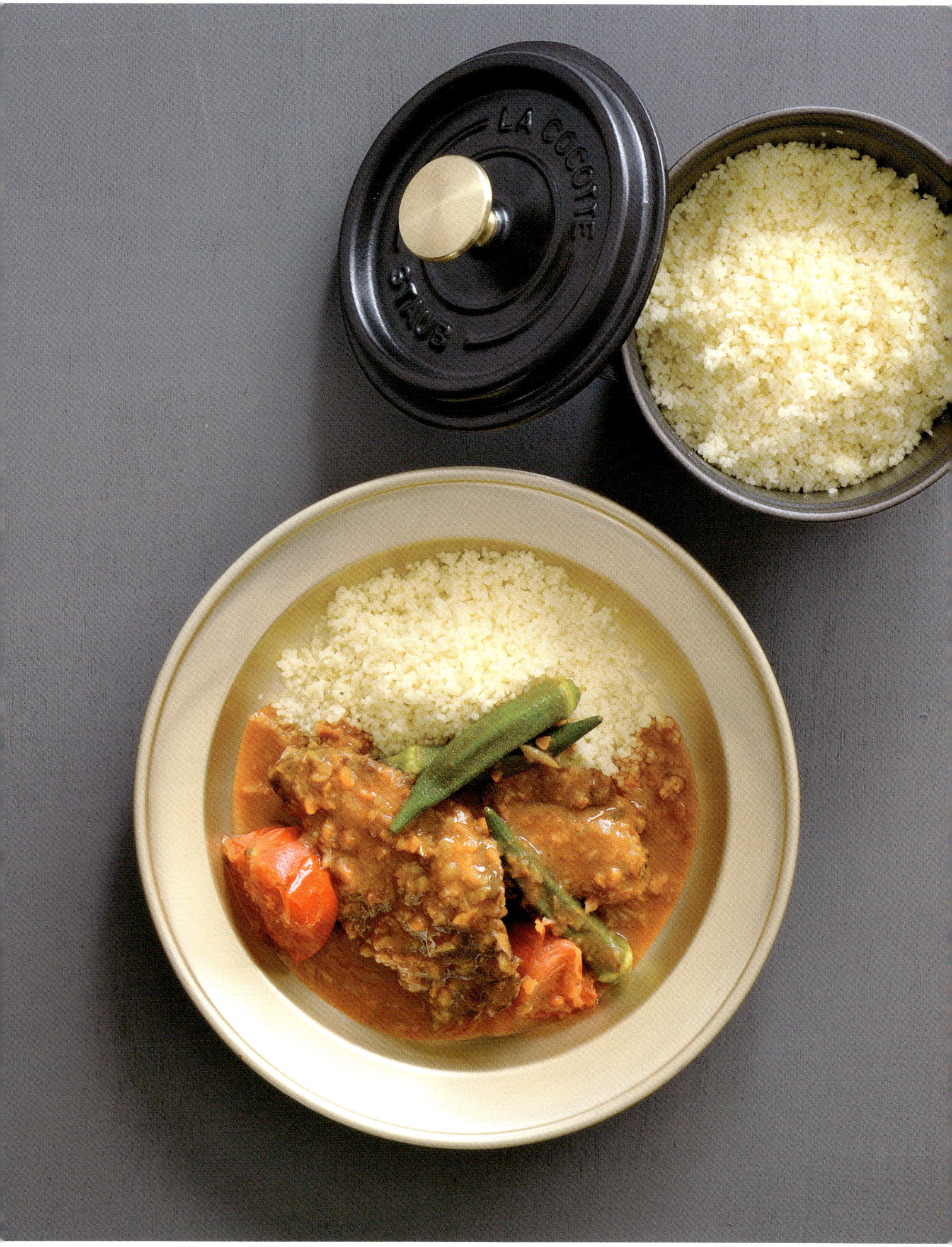
LA COCOTTE
STAUB

78

塩だらミンチフライ

衣に山芋のすりおろしを加えるので、ふっくら仕上がります。
薄めの味つけにして塩やナンプラーをつけて食べてもおいしい。

○ここで使った鍋：23cmのオーバル

材料　4〜5人分

塩だら … 300g
玉ねぎ … 小½個
にんにく … 1かけ
赤唐辛子(種を取ったもの) … ⅔本
ローリエ … 1枚
牛乳 … 約200ml
薄力粉 … 大さじ4
卵(L玉) … 1個
山芋のすりおろし … 140g
塩 … 大さじ½
こしょう … 適量
揚げ油 … 適量
サニーレタス、あさつき、レモン
　… 各適量

作り方

① 塩だらは皮と骨を取り除く。鍋にローリエとともに入れ、ひたひたの牛乳を加えて中火にかける。たらに火が通ったら取り出し、フォークでつぶす ⓐ。
② 玉ねぎ、にんにく、赤唐辛子はみじん切りにする。
③ ボウルに①と②を入れ、薄力粉、卵、山芋のすりおろし、塩を加えてよく混ぜ合わせ、こしょうで味をととのえる。
④ 鍋に揚げ油を入れて中火にかけて170℃に熱し、③をスプーンですくって落とし、カラッと揚げる。
⑤ レタスに④とあさつきを包み、レモンを絞って食べる。

れんこんライス

帆立てのうまみとれんこんの歯ごたえが楽しいエスニックピラフ。
れんこんは切らずにたたくと味がよくしみ込みます。

○ここで使った鍋：22cmのラウンド

材料　4〜5人分

れんこん … 1節(230g)
帆立て貝柱の水煮缶 … 1缶(200g)
しょうゆ … 大さじ1
塩 … 小さじ1
ごま油 … 小さじ2
米 … 3合
水 … 425ml
アーモンドスライス(ローストしたもの)
　… 40g

作り方

① れんこんは皮をむいてポリ袋に入れ、めん棒などでたたいて一口大にする。
② 帆立ての缶汁を取り分け、ボウルに帆立ての身と①、しょうゆ、塩、ごま油を入れて混ぜ合わせる。
③ 鍋にといだ米を入れ、②で取り分けた缶汁と分量の水を加えて**1時間ほど**おく。
④ ③に②を加えてふたをし、中火にかける。沸騰しておねば(泡)が出てきたら中火弱にし、**5分煮て**火を止め、**10分蒸らす**。最後にアーモンドスライスを混ぜる。

レンズ豆の煮込み

すぐに使えて短時間で煮えるレンズ豆。サラミのうまみを吸ったコクのある味わいです。
残ったらカレーにしたり、サラダに加えたりして活用しましょう。

○ここで使った鍋：18cmのラウンド

材料　4〜5人分

レンズ豆(乾燥) … 200g
サラミソーセージ … 30g
ローリエ … 1枚
水 … 600mℓ
塩、こしょう … 各適量
好みのパン … 適量

作り方

① 鍋に水で洗ったレンズ豆と分量の水を入れ、粗みじん切りにしたサラミソーセージとローリエを加える。ふたをして中火にかける。
② 沸騰してきたら中火弱にして**15分ほど煮込み**、豆が柔らかくなったら火を止めて、塩、こしょうで味をととのえる。
③ 食べるときは好みのパン（ここではピタパン）などといっしょに。

　レンズ豆の種類

レンズ豆は皮つき（左）と皮なし（右）の2種類が売られています。皮つきは煮えるのにやや時間がかかりますが、コクが出ます。皮なしは短時間で煮えるので時間のないときに便利です。

えびとかぼちゃのカレー風味

ヨーグルトを添えてマイルドに仕上げた蒸し焼きです。
鍋で火を通すから、素材の香ばしさとしっとり感が楽しめます。

○ここで使った鍋：23cmのオーバル

材料　4人分

えび（殻つき）… 12尾
かぼちゃ … ½個
塩 … 小さじ2
こしょう … 適量
ガラムマサラ … 大さじ3
オリーブ油 … 大さじ3
プレーンヨーグルト（無糖）… 適量

作り方

① えびは背のカーブに沿って浅く包丁を入れ、背わたを取る。かぼちゃは8等分のくし形切りにする。
② ①をバットに入れて塩、こしょう、ガラムマサラ、オリーブ油をまぶして**10分ほどおく**ⓐ。
③ 鍋を中火で熱してえびを入れる。片面に焼き色がついたら、かぼちゃを加えてひと混ぜし、ふたをして中火弱にかける。ときどき上下を返しながら、**15分火を通す**。火を止めて**5分おく**。
④ 器にヨーグルトを敷いて、③を盛る。

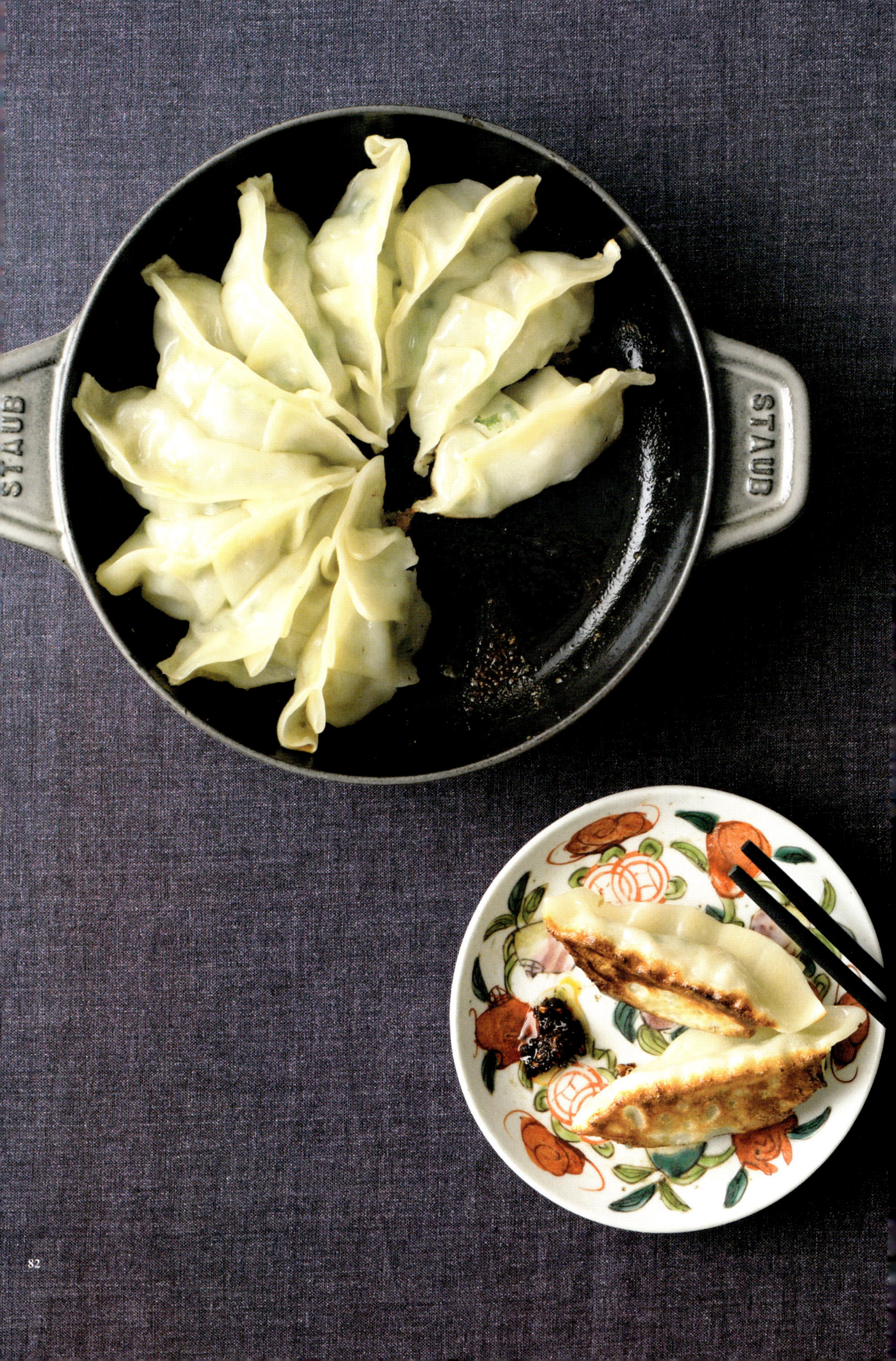
STAUB
STAUB

餃子
ギョーザ

鍋のまま食卓へ。余熱でアツアツが食べられます。
あめ色になるまで炒めたねぎを加えてコクを出すのがポイント。

○ここで使った鍋：20cmのラウンド ホットプレート

材料　2人分

豚ひき肉 … 100g
白菜 … 5枚
にら … ½束
長ねぎ(白い部分) … ½本分
餃子の皮(大判) … 12枚
　塩 … 適量
ごま油 … 大さじ1½
〈たれ〉
好みのラー油、酢 … 各適量

作り方

① 白菜はみじん切りにして塩小さじ1をふってなじませ、水分が出るまでおいて水けをよく絞る。にらは小口切りにする。

② ボウルに①とひき肉、塩小さじ1½を入れる。

③ 小鍋に粗みじん切りにした長ねぎとごま油大さじ½を入れて、中火弱にかける。ねぎに焼き色がついたら②のボウルに加え ⓐ、豚肉に粘りが出るまでよく混ぜ合わせる。

④ ③を12等分にして餃子の皮に包む。

⑤ 鍋にごま油大さじ1を入れて鍋底に広げる。④を並べてふたをし、弱火にかけて**5分**焼く。皮が透き通り、鍋底側の皮にしっかりと焼き色がついたらでき上がり。たれをつけて食べる。

長ねぎの蒸し焼き

にんじんのスパイシー蒸し焼き

きのことうど
の蒸し焼き

なすの蒸し焼き

長ねぎの蒸し焼き

香ばしく、中はとろっと仕上がるねぎのうまみがたまりません。
仕上げの黒こしょうがねぎの甘さを引き立てます。

◯ここで使った鍋：23cmのオーバル

材料　3〜4人分

長ねぎ … 5本
塩 … 小さじ2
ごま油 … 大さじ3
粗びき黒こしょう … 適量

作り方

① 長ねぎは10cm長さに切る。
② 鍋に①を入れ、塩とごま油を回し入れてふたをし、中火にかける。
③ ふたが熱くなり、鍋中から音がしてきたら、火を弱くして**2分**待つ。
④ ふたをあけて上下を返し、再びふたをして**2分蒸し焼き**にする。ふたをあけて、まんべんなく長ねぎに焼き色がついて柔らかくなっていたら、火を止めて**5分蒸らす**。仕上げに黒こしょうをふる。

にんじんのスパイシー蒸し焼き

クミンシードとにんじんの相性がぴったり。
にんじんの甘みを引き出して香り高く仕上げます。

◯ここで使った鍋：23cmのオーバル

材料　3〜4人分

にんじん … 2〜3本
塩 … 小さじ1
こしょう … 適量
オリーブ油 … 大さじ2
クミンシード … 大さじ1

作り方

① にんじんは皮をむき、横半分に切り、それぞれ縦4等分に切って鍋に入れる。塩、こしょう、オリーブ油を回しかけ、クミンシードを指でつぶしながら加えてふたをし、中火にかける。
② ふたが熱くなり、鍋中から音がしてきたら、火を弱くして**2分**待つ。
③ ふたをあけて上下を返して再びふたをし、**2分蒸し焼き**にする。これを繰り返す。にんじんの色が変わり、角が煮くずれてきたら、竹串で太いところを刺してみて、8割方火が通っていたら、火を止めて余熱で調理する。

きのことうどの蒸し焼き

豆板醤でピリ辛に仕上げた野菜の蒸し焼き。
うどが柔らかくなるまでしっかり火を通すのがポイントです。

○ここで使った鍋：23cmのオーバル

材料　3〜4人分

しめじ … 2株
えのきだけ … 1株
うど … ½本
しょうゆ … 大さじ3
酒 … 大さじ2
豆板醤(トウバンジャン) … 小さじ1
こしょう … 適量

作り方

① しめじ、えのきだけは石づきを取って大きめにほぐす。うどは皮をピーラーでむき、10cm長さに切って酢水(分量外)につける。
② 鍋にきのこ類を入れ、うどをのせる。
③ ②にしょうゆ、酒、豆板醤、こしょうを合わせて加え、ふたをして中火にかける。
④ ふたが熱くなり、鍋中から音がしてきたら、火を弱くして**2分**待つ。
⑤ ふたをあけて上下を返し、再びふたをして**2分**蒸し焼きにする。うどがかたいようならこれを繰り返す。きのこ類のかさが減り、竹串でうどの太いところを刺してみて、8割方火が通っていたら、火を止めて余熱で調理する。

なすの蒸し焼き

なすを丸ごと食べる豪快さを楽しんで。
最後に加えるしょうがが味をぐっと引き締めます。

○ここで使った鍋：23cmのオーバル

材料　3〜4人分

なす … 8個
塩 … 小さじ1½
しょうがのせん切り … 30g

作り方

① なすはピーラーで皮をむき、へたのかたいところをそぎ落として、塩水(分量外)につける。
② 鍋に①を入れて塩をふり、ふたをして中火にかける。
③ ふたが熱くなり、鍋中から音がしてきたら、火を弱くして**2分**待つ。
④ ふたをあけて上下を返し、再びふたをして**2分**蒸し焼きにする。かたいようならこれを繰り返す。なすのかさが減り、竹串で太いところを刺してみて、8割方火が通っていたら、火を止めて余熱で調理する。しょうがのせん切りを散らす。

しいたけの蒸し焼き

サブジ

しいたけの蒸し焼き

ザーサイとごま油が入った中華味の蒸し焼き。
うまみ豊かなしいたけと昆布を、ジューシーにふっくらと仕上げました。

○ここで使った鍋：20cmのラウンド

材料　4〜6人分

しいたけ(肉厚なもの) … 12個
ザーサイ … 1個(約140g)
結び昆布(乾燥) … 6〜8個
水 … 200mℓ
ごま油 … 大さじ1½
青ねぎ … 1本

作り方

① しいたけは石づきを取る。ボウルに水(分量外)を入れて輪切りにしたザーサイを入れ、ときどき水をかえながら**30分ほどつけて塩けを抜き**(食べてみて少し塩辛いくらいに)、ざるに上げて水けをきる。
② 昆布を分量の水に**10分ほどつける**。
③ 鍋に①を入れ、②の昆布は水とともに入れる。ごま油を回しかけてふたをし、中火にかける。
④ 水分が跳ねる音がしたら中火弱にし、ときどきかき混ぜながら**10分ほど蒸し焼き**にして火を止める。そのまま**10分ほどおき**、斜め切りにした青ねぎを散らす。

Salbot Mémo

ザーサイが余ったときのもう一品！　アツアツのご飯にのせたり、チャーハンやワンタン、餃子の具に加えたりしてもいい万能調味料です。ザーサイは上記の作り方①の要領で塩抜きし、干しえび5〜6個と干し貝柱1〜2個はかぶるくらいの水でもどしてそれぞれみじん切りにする。鍋にごま油大さじ1を熱し、みじん切りにした材料とねぎのみじん切り大さじ4を入れて軽く炒め、干しえびと貝柱のもどし汁を加えて水分がなくなるまで炒めたら完成です。

サブジ

インド料理でおなじみのサブジは、いろいろな野菜の蒸し煮。
野菜の甘さや香りがスパイスと相まって、奥深い味が堪能できます。

○ここで使った鍋：20cmのラウンド

材料　4〜5人分

じゃがいも … 5個
いんげん豆 … 400g
クミンパウダー … 大さじ2
コリアンダーパウダー … 大さじ1
パプリカパウダー … 大さじ1
塩 … 大さじ2
粗びき黒こしょう … 適量
バター（無塩）… 20g
レモン … ½個

作り方

① じゃがいもは皮をむいて1cm幅に切り、水に放つ。いんげん豆はへたと筋を取り、1cm幅に切る。

② ①を鍋に入れてスパイス類、塩、黒こしょうをまぶす。バターを鍋底に置いてふたをし、中火にかける。野菜の水分が出て跳ねる音がしてきたら弱火にし、**15分ほど火を通す**。途中一度上下を返す。じゃがいもがほぼ柔らかくなったら火を止めて**5分**おく。

③ 全体をひと混ぜしてバターをからませ、仕上げにレモンを絞ってかける。

Salbot Mémo

スパイスは味の決め手になります。写真上からクミンパウダー（濃厚な香りで消化を助ける）、パプリカパウダー（辛くない唐辛子のパウダーで、ビタミンCが豊富で消化促進作用がある）、コリアンダーパウダー（特有の香りがあり、鎮痛作用がある）。スパイスは味だけでなく効用もいろいろあるので、じょうずに料理に活用しましょう。

ココナツ風味のライスデザート

フランスのお米のデザート、リ・オ・レの変化球。
レ（牛乳）の代わりにココナツミルクを使って、エスニック風に仕上げます。

◯ここで使った鍋：14cmのラウンド

材料　4〜5人分
米 … 大さじ4
ココナツミルク … 400ml
落花生（砕いたもの） … 大さじ1
きび砂糖 … 大さじ1
牛乳 … 適宜

作り方
① 鍋に洗った米とたっぷりの水を入れて中火にかける。沸騰したらざるに上げ、流水ですすいでから水けをきり、鍋に戻す。
② ①にココナツミルクを加えてひと混ぜし、中火にかける。
③ 沸騰したら中火弱にし、静かな沸騰状態を保ちながら10分ほど煮る。途中、ときどきかき混ぜ、芯はないものの少しかたい程度に火を通して、そのまま冷ます。もし米にまだ芯が残っているのにココナツミルクが減ってきた場合は、牛乳を足す。
④ ③を器に盛り、落花生ときび砂糖をかける。

緑豆とバナナのぜんざい風

青あずきともいう緑豆。白玉の代打をバナナにして、ぜんざい風のデザートに。
バナナのまわりが、少しとろっとしたら食べごろです。

○ここで使った鍋：18cmのラウンド

材料　4〜6人分

緑豆（乾燥）… 200g
バナナ … 1本
水 … 600mℓ
グラニュー糖 … 150g

作り方

① 緑豆は流水でさっと洗って、**30分ほど**分量の水につけておく。
② ①を水ごと鍋に入れ、グラニュー糖を加えて中火にかける。
③ 沸騰したら弱火にしてふたをし、緑豆が柔らかくなるまで**15分ほど煮**て、火を止めて**10分**おく。
④ バナナを2cm幅に切って③に加える。一煮立ちしたら火を止めて再びふたをし、**3分ほど**おく。

メロンのジンジャーコンポート

水分はメロンの果汁だけの無水コンポートです。
甘さが足りないようなら、砂糖をかけて。

◯ここで使った鍋：16cmのラウンド

材料　2～3人分
メロン … ½個
しょうが … 10g

作り方

① メロンは横半分に切って鍋に入れる。スプーンで種の部分を取り除き、茶こしでこして、抜いたところに果汁を戻し入れⓐ、しょうがのすりおろしを加えるⓑ。ふたをして中火弱にかける。

② ふたが温まったらそのまま **5分ほど火を通して**から、火を止める。冷めるまでそのままおく。

キャラメル風味のオレンジ

甘夏、デコポン、日向夏などの、日本の柑橘フルーツでもgood！
ヨーグルトやアイスクリームにのせたり、炭酸水に入れたりして召し上がれ。

◯ここで使った鍋：18cmのラウンド

材料　3〜4人分

オレンジ … 3個
グラニュー糖 … 大さじ4
水 … 100mℓ
レモン（ノンワックス）の薄切り … 2枚
シナモンスティック … 1本
クローブ … 1個

作り方

① オレンジは皮をむいて半分に切り、それぞれ6等分に切る。
② 鍋にグラニュー糖と分量の水の半量を入れ、鍋を傾けてグラニュー糖を水に溶かし、中火にかける。
③ 沸騰して焦げはじめ、全体が濃い茶色になったら、火からおろしてぬれぶきんの上に置きⓐ、少し冷ます。残りの水とオレンジ、残りの材料をすべて加え、再び中火にかける。
④ 沸騰したらふたをして火を止め、余熱で**10分ほど火を通す**。

サルボ恭子
Kyoko Salbot

料理家。老舗旅館の長女として生まれ、料理家の叔母に師事したのち渡仏。パリ有数のホテル「オテル・ド・クリヨン」で研修、勤務するうち、フランスの郷土料理に魅了され、帰国後料理研究家のアシスタントを経て独立。自宅で料理教室を主宰。素材と向き合い、その持ち味を引き出す料理を得意とし、出張料理やケータリングで料理が最もおいしく味わえる"瞬間"を届けている。雑誌やテレビなどでも活躍し、洗練された家庭料理には根強いファンも多い。著書に『「ストウブ」で作るフレンチの基本　MENU BOOK』(実業之日本社)、『キッシュの本』(グラフ社)、『おいしいを届ける盛りつけの基本』(辰巳出版)などがある。

http://www.kyokosalbot.com/

デザイン　小橋太郎(Yep)
写真　青砥茂樹(本社写真部)
スタイリング　城 素穂
企画・編集　小橋美津子(Yep)

〈撮影協力〉
ストウブ(ツヴィリングJ.A.ヘンケルスジャパン)
お客様相談係　フリーダイヤル　0120-75-7155
http://www.staub.jp/

講談社のお料理BOOK
毎日活躍！　「ストウブ」で和洋中

2012年9月24日　第1刷発行

著　者　サルボ恭子
発行者　鈴木 哲
発行所　株式会社 講談社
　　　　〒112-8001　東京都文京区音羽2-12-21
　　　　編集部／☎03-5395-3527
　　　　販売部／☎03-5395-3625
　　　　業務部／☎03-5395-3615
印刷所　大日本印刷株式会社
製本所　株式会社若林製本工場

落丁本・乱丁本は、購入書店名を明記のうえ、小社業務部あてにお送りください。送料小社負担にてお取り替えいたします。
なお、この本についてのお問い合わせは、生活文化第一出版部あてにお願いいたします。
本書のコピー、スキャン、デジタル化等の無断複製は著作権法上での例外を除き禁じられています。本書を代行業者等の第三者に依頼してスキャンやデジタル化することはたとえ個人や家庭内の利用でも著作権法違反です。
定価はカバーに表示してあります。

ISBN978-4-06-299572-6
©Kyoko Salbot 2012, Printed in Japan